W0242759

Liebe Leserinnen, liebe Leser!

Axel M. Mosler ist freier Foto-Designer, Reisejournalist und Landschaftsfotograf. Von Schottland ist er seit Jahren begeistert.

Schottland hat viel unberührte Natur, geradezu magisch wirkende Landschaften. In den Weiten der Highlands trifft man kaum auf eine Menschenseele. Stattdessen beherrschen eine romantische Bergwelt, lauschige Täler, Wälder und verwunschen wirkende Seen die Szenerie, die Küstenlandschaft ist vielerorts atemberaubend.

Ein Land der Kontraste

Angesichts solcher Herrlichkeiten bleibt die Frage, was soll man sich zuerst anschauen, was erkunden. Unser in Edinburgh lebender Autor Eberhard Bort hat darauf passende Antworten bereit, die er im DuMont Thema „Schottland in acht Tagen" präsentiert. Auf jeden Fall, so schlägt er vor, beginne man seine Schottlandtour in Edinburgh, der schottischen Kapitale (s. 26 ff.). Und man solle auch die Inselwelt nicht vergessen. Dieser Empfehlung von „Paddy" (so nennen die Kollegen und Studenten der Uni Edinburgh Eberhard Bort) bin ich ebenfalls gefolgt und war auf der Isle of Skye unterwegs. Die „Wolkeninsel" ist mit ihren Sandstränden, den rauschenden Wasserfällen, grünen Tälern und hübschen Orten unbedingt eine Reise wert. Nur muss man sich hier im Nordwesten Schottlands natürlich auf ständig wechselnde Witterungsverhältnisse einstellen – wird dafür aber mit besonders tollen Lichtstimmungen belohnt.

Eberhard Bort arbeitet seit 1995 als Politikwissenschaftler an der Universität Edinburgh.

Einfach genießen

Bleiben diese einmal aus, und der Regen wird zu heftig, so kann man sich immer noch in den nächsten Pub flüchten und sich mit Köstlichkeiten der regionalen Küche verwöhnen lassen. Diese ist schon lange besser als ihr Ruf. Meine Lieblingsmahlzeit ist High Tea, dabei geht es nicht nur um ein Tässchen Tee oder einen Snack, eher schon ist es ein frühes Abendessen mit Scones, Shortbread, Sandwiches und manchmal gar Eier- und Fleischgerichten. Übrigens ein Schlückchen Malt rundet jedes Schottlanderlebnis ab – und wer weiß, vielleicht zeigt sich dann ja sogar noch Nessie ...
Herzlich Ihre

Birgit Borowski

Birgit Borowski
Programmleiterin DuMont Bildatlas

84 – 99
INSELWELT

Windumweht und höchst faszinierend sind die Landschaften der Hebriden vor der Ostküste Schottlands.

DuMont Aktiv

DuMont Thema

92 – 95
EIN HAUCH FÜR DIE ENGEL

Woher hat der Whisky seine Farbe? ... woher die schokoladige oder torfige Note? Ein Besuch in einer Whisky-Destillerie gibt Aufschluss – auch über den „Angels's Share".

DuMont Thema

46 – 47
JENSEITS DER KLISCHEES

Nur Fish and Chips? Beileibe nicht. Die schottische Küche baut auf den Produkten auf, die das Land in Hülle und Fülle bereithält.

Titelthemen

Maßstab 1:3.400.000
0
60 km
Hebriden 84–99
Orkneys, Shetlands 100–111
Die Highlands 68–83
Edinburgh & Glasgow 34–51
Die Lowlands 52–67
Der Süden 18–33
1
2
3
4
5
6
7
8
9
10
Shetland Islands (U.K.)
Orkney Islands
Outer Hebrides
Inner Hebrides
Northwest Highlands
Grampian Mountains
Scotland
Moray Firth
The Minch
Sea of the Hebrides
North Channel
Irish Sea
North Sea
UNITED KINGDOM
GREAT BRITAIN
ÉIRE
IRELAND
Northern Ireland
England
Isle of Man (U.K.)
Herma Ness
Haroldswick
Yell
Unst
Fetlar
Hillswick
Mainland
Foula
Lerwick
Bressay
Sumburgh
Fair Isle
Westray
North Ronaldsay
Pierowall
Sanday
Stronsay
Heart of Neolithic Orkney
Stromness
Kirkwall
Lyness
Hoy
Burwick
Pentland Firth
North Rona
Sula Sgeir
Sule Skerry
Stack Skerry
Butt of Lewis
Port of Ness
Flannan Isles
Callanish
Aird
Stornoway
Tarbert
St. Kilda
Rodel
Tigharry
Lochmaddy
Uig
Monach Islands
North Uist
Skye
Portree
South Uist
Lochboisdale
Kyle of Lochalsh
Barra
Mallaig
Rhum
Coll
Tobermory
Tiree
Mull
Craignure
Fionnphort
Colonsay
Jura
Islay
Port Askaig
Port Ellen
Kintyre
Campbeltown
Arran
Durness
Tongue
Thurso
Duncansby Hd.
Wick
Laxford Bridge
Lochinver
Lairg
Helmsdale
Ullapool
Dornoch
Tain
Alness
Nairn
Elgin
Banff
Kinnaird Hd.
Fraserburgh
Peterhead
Achnasheen
Dingwall
Beauly
Inverness
Huntly
Inverurie
ABERDEEN
Carn Eige
Fort Augustus
Glen More
Kingussie
Boat of Garten
Ben Rinnes
Ben Macdui
Braemar
Pass of Drumochter
Dalwhinnie
Ft. William
Ben Nevis
Ben Lawers
Blairgowrie
Forfar
Montrose
Arbroath
DUNDEE
Perth
St. Andrews
Crieff
Ben More
Lochgilphead
Stirling
Linlithgow
Dunfermline
Haddington
EDINBURGH
Greenock
Rothesay
GLASGOW
Coatbridge
Lanark
New Lanark
Ardrossan
Kilmarnock
Brodick
Ayr
Abington
Galashiels
Kelso
Coldstream
Berwick-u.-Tweed
Holy I.
Girvan
Merrick
Dumfries
New Galloway
Galloway
Stranraer
Portpatrick
Gatehouse
Carlisle
Cheviot
Hadrian's Wall
Northumberland
Alnwick
Amble-by-the-Sea
Morpeth
NEWCASTLE upon Tyne
South Shields
SUNDERLAND
Hexham
Stanhope
Durham
Hartlepool
MIDDLESBROUGH
Penrith
Barnard Castle
Darlington
Whitby
North York Moors N.P.
Rievaulx Abbey
Scarborough
Keswick
Scafell Pike
Lake District Nat. P.
Cumbrian Mts.
Ambleside
Kendal
Yorkshire Dales Nat. P.
Fountains Abbey
Malton
Flamborough
Bridlington
Driffield
Beverley
Harrogate
YORK
Barrow
Morecambe
Lancaster
Skipton
Fleetwood
BLACKPOOL
BRADFORD
LEEDS
KINGSTON UPON HULL
PRESTON
Southport
BOLTON
HUDDERSFIELD
Goole
GRIMSBY
MANCHESTER
OLDHAM
Doncaster
ROTHERHAM
Louth
LIVERPOOL
BIRKENH.
STOCKPORT
Peak District
SHEFFIELD
Lincoln
Chesterfield
Mansfield
Llandudno
Bangor
Holyhead
Anglesey
Snaefell
Peel
Douglas
Castletown
I. of Man
Cion Mhálanna (Malin Head)
Carn Domhnach
Port an Salainn
Árainn Mhór (Aran I.)
Leitir Creanainn
Na Gleannta
Rossan Point
Malin More
An Charraig
Dúnna nGall
Béal Átha Seanaidh
Donegal Bay
Limavady
Derry
Coleraine
Giant's Causeway
Ballycastle
Antrim Mts.
Strabane
Omagh
Cookstown
Antrim
Larne
BELFAST
Dungannon
Lough Neagh
Lurgan
Banbridge
Strangford
Enniskillen
Armagh
Lisnaskea
Muineachán
Newry
Newcastle
Dún Dealgan
Sligeach
Mainistir na Búille
Baile Chathail
An Cabhán
Longford
Baile Átha Fhirdhia
Boyne Valley
An Uaimh
Droichead Átha
Ros Comáin
Tuaim
Baile Átha Luain
An Muileann gCearr
Baile Brigín
BAILE ÁTHA CLIATH (DUBLIN)
Monastic Ruins
Cill Bheagáin
Maigh Nuad
Tulach Mhór
An Nás

Topziele

Die bedeutendsten Ziele in Schottland auf den Gebieten Kultur, Natur und Erleben haben wir hier für Sie zusammengestellt. Auf den Infoseiten ist das jeweilige Highlight mit ▶TOPZIEL *gekennzeichnet.*

KULTUR

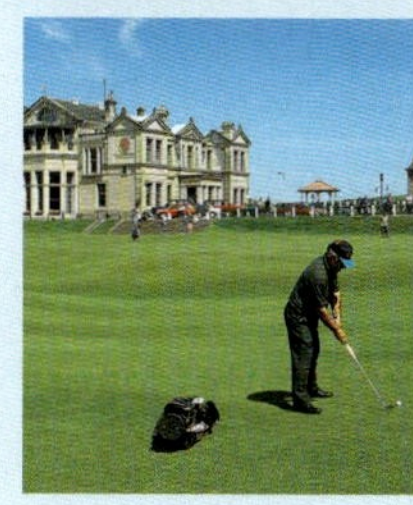

ERLEBEN

NATUR

FILMREIFE KULISSE

Immer wieder wird man bei der Reise durch Schottland von idyllischen Orten überrascht: einer Burgruine etwa, die sich samt den umgebenden Bergen im See zu ihren Füßen spiegelt. So auch die Ruine von Kilchurn Castle am Loch Awe. Kein Wunder, dass ähnliche Burgen gerne mal als Schauplatz für einen Spielfilm gewählt werden …

social
29
STARBUCKS
COFFEE

NIGHTLIFE ZWISCHEN ARCHITEKTUR UND DESIGN

Viel los in Glasgows City an diesem schönen Sommerabend. Treffpunkt ist der Royal Exchange Square mit der Gallery of Modern Art. All die Großartigkeiten der Stadt – Glasgow School of Art, Willow Tearoom, die City Chambers, das Science Center – treten in den Hintergrund, es ruft die Nacht.

IN DIE HÖHE STREBENDE GOTIK

Genaugenommen handelt es sich bei der Glasgow Cathedral gar nicht um eine Kathedrale, denn die Church of Scotland kennt kein Bischofsamt. Zwischen dem 12. und dem 15. Jahrhundert entstanden, gehört sie heute zur reformierten schottischen Staatskirche. Der ursprüngliche Name, St. Mungo's Cathedral, geht auf den Schutzpatron von Glasgow zurück, der hier begraben ist.

VON WASSER UMTOSTE ABGESCHIEDENHEIT

An den spektakulären Basaltformationen von Eshaness auf Mainland-Shetland, der Hauptinsel der Shetland-Inseln, gibt es nur eines zu tun: den starken Wind spüren, die salzhaltige Luft auf den Lippen schmecken und dem Spiel der Wellen am Küstensaum zuschauen.

MUSIKALISCHER AUFZUG

Im Sommer rufen Pipes and Drums zum Military Tattoo nach Edinburgh. Edinburgh Castle bietet illuminiert die stimmungsvolle Kulisse für das großartige Spektakel, das die Stadt drei Wochen lang in Bewegung hält.

Unerkanntes Juwel

Auf ihrem Weg nach Edinburgh oder in die Highlands machen nur wenige Reisende Halt in den Borders oder in Dumfries und Galloway: Gegenden, die man durchquert oder überfliegt, um zu den touristischen Höhepunkten Schottlands zu gelangen. Dabei ist die Grenzregion selbst ein landschaftliches Juwel mit reicher architektonischer und kultureller Geschichte. Vor der „Kultivierung" der Highlands gehörten die schon von Sir Walter Scott besungenen Borders zu den gefragtesten Reisezielen – sie liegen zu Unrecht heute etwas im Windschatten.

Ein mächtiger Wassergraben zieht sich um das in der Vergangenheit mehrfach umkämpfte Caerlaverock Castle nahe Dumfries.

Floors Castle am River Tweed ist ganz in der Nähe von Kelso gelegen, dem Schulort von Walter Scott.

Anmutig schlängelt sich der River Tweed durchs Tal – Sir Walter Scott hatte hier seinen Lieblingsplatz, blickte am Scott's View zu den Eildon Hills.

Die Musik aus dem Dudelsack, dem Nationalinstrument Schottlands, hat schon Haydn fasziniert, heute finden sich Versatzstücke in Pop und Rock.

Schöner wohnen – Salon im Floors Castle

Die Menschen in den Borders sind vielleicht immer noch etwas geprägt von den Grenzkriegen des Mittelalters, als diese zu den Southern Uplands gehörende Region (seit 1996 offiziell: „Scottish Borders“) den Puffer abgeben musste zwischen England und Schottland, selbst aber weder ganz schottisch noch ganz englisch werden, sondern viel lieber unabhängig bleiben wollte: bodenständig und individuell. In den Grenzballaden leben diese Zeiten weiter – als die sogenannten Border Reivers Jungfrauen und Schafe gleichermaßen raubten, als blutige Schlachten geschlagen wurden und Familienfehden über Generationen hinweg andauerten. Wehrhafte Häuser wie Newark, Smailholm oder Hermitage sind bis heute steinerne Zeugen der Unabhängigkeitskriege. Malerisch eingebettet im Tal des Tweed, zwischen Selkirk und Melrose, steht Abbotsford House, der Landsitz, den sich Sir Walter Scott (1771–1832) mit dem Erlös seiner international erfolgreichen Waverley-Romane zwischen 1819 und 1825 erbauen ließ. Der Abbotsford Trust ist auf gutem Wege, die für die Instandhaltung notwendigen 10 Millionen Pfund aufzutreibn, die Scotts Residenz für zukünftige Generationen sichern wird. Mit dem Beginn der Renovierungsarbeiten wird für Anfang 2011 gerechnet. Scott hatte seine Schriftstellerkarriere mit einer Sammlung von Grenzlandballaden („Minstrelsy of the Scottish Border“) begonnen, bevor er zum Großmeister des historischen Romans avancierte.

Die Menschen in den Borders wollten weder ganz schottisch noch ganz englisch sein.

EIN SITZ VON KÖNIG ARTUS?

Am Fuß der Eildon Hills unterhielten einst schon die Römer ihre Garnison Trimontium, um die aufmüpfigen schottischen Stämme in Schach zu hal-

Hier wurde Historie romanhaft gefasst: Sir Walter Scotts Arbeitszimmer im Abbotsford House.

Melrose (oben und rechts) bewahrt sich mit viktorianischen Häusern und gediegenen kleinen Cafés seine anziehende Kleinstadt-Atmosphäre.

Sir Walter Scott sah Dryburgh Abbey als „romantischste Ruine" an. Heute ist dort seine Grabstätte zu besuchen.

ten. Der Legende nach soll hier auch König Artus seiner Wiederkehr harren. Wie der Lokalhistoriker Alistair Moffat überzeugend argumentiert, war Artus ein noch von den Römern ausgebildeter Reiterkommandant, der nach dem Abzug der Besatzer die in Britannien ansässigen Kelten gegen den Ansturm der Angeln und Sachsen verteidigte. Als die Stämme der heutigen Lowlands von den Angeln vertrieben wurden, nahmen sie ihre Mythen und Legenden mit zurück nach Wales und Cornwall, ja bis in die Bretagne. So erklärt sich die Vielzahl der Artus-Legenden – und der damit verknüpften Orte.

BORDER-ABBEYS

Auch die Grenzabteien Kelso, Dryburgh, Melrose und Jedburgh legen ein beredtes Zeugnis ab. Jedburgh Abbey, 1138 von David I. für den Augustinerorden gegründet, ist seit über 850 Jahren eine Ruine – und reich an Steinmetzarbeiten. In Melrose Abbey, 1136 gegründet, liegt das Herz von Robert the Bruce begraben, der 1314 auf dem Schlachtfeld von Bannockburn Schottlands Unabhängigkeit verteidigte. Eine Reihe wehrhaft-romantischer Burgen und Burgruinen sowie Herrenhäuser wie Neidpath, Thirlestane, Stobo oder Floors komplettieren das historische Bild. Mit Reiterprozessionen („Common Ridings") feiern die Gemeinden der Borders den Sommer über ihre lokalen Festivals.

BORDER-AKTIVITÄTEN

Die Lammermuirs, die Cheviots, die Moorfoots und die bis an Edinburgh heranreichenden Pentlands bieten Wanderern aller Altersstufen die Möglichkeit, Natur pur zu genießen. In den Tourist Offices der Border-Städtchen gibt es spezielle Führer für „walking tours". Von Küste zu Küste führt die Wanderroute des „Uplands Way" von Melrose Abbey bis über die Grenze nach Lindisfarne vor der Küste von Northumberland: der sogenannte „Pilgrim's Way". Nicht weniger als 21 Golfplätze laden zum schottischen Traditionssport ein – Aktivitäten wie Ballonfahren, Rafting, Mountainbiking und Tauchen sind ebenfalls reichlich im Angebot. Angler finden in den Borders über 20 Flüsschen, Seen und Fischgewässer voller Regenbogenforellen, Äschen und Aalen.

Wehrhaft-romantische Burgen und Herrenhäuser komplettieren das historische Bild.

Der Tweed ist so etwas wie der heilige Fluss der Lachsfischer und lieh jenem Stoff seinen Namen, der die schottische Textilindustrie groß gemacht hat. An Wasser für die „woollen mills" in Hawick, Galashiels und Selkirk fehlte es nicht, und die in den Borders allgegenwärtigen grasenden Wollknäuel lieferten den Rohstoff. Heute machen Textilien aus Billiglohnländern der schottischen Produktion Konkurrenz, aber Wollprodukte sind immer noch wichtiger Wirtschaftsfaktor dieser Gegend.

DIE ZUKUNFT DER BORDERS

Seit Jahren forderten Kommunalpolitiker und Bürgerinitiativen die Restaurierung der „Waverley Route", der 1969 eingestellten Eisenbahnlinie von Edinburgh nach Carlisle. Im Mai 2006 gab das schottische Parlament schließlich grünes Licht für das inzwischen auf 235 bis 295 Millionen Pfund (das entspricht etwa 282 bis 354 Millionen Euro) veran-

Mit mächtigen Bögen spannt sich die Steinbrücke über den River Tweed in Dumfries.

Die Limousine wartet schon aufs Brautpaar in Gretna Green.

Das „Globe Inn" war die ehemalige Stammkneipe von Robert Burns in Dumfries.

schlagte Unternehmen. Nach erheblichen Verzögerungen begannen 2010 die Bauarbeiten. 2014 sollen die ersten Züge zwischen Edinburgh und Tweedbank/Galashiels fahren und neue Hoffnung für die von der Krise der Textilindustrie und der Abwanderung junger Familien geplagten Borders bringen.

DUMFRIES UND GALLOWAY

Auch in Schottlands Südwesten, für viele nur eine Transitregion, lohnt es sich, etwas zu verweilen. Im äußersten südwestlichen Zipfel, in Whithorn, legte St. Ninian im 4. Jahrhundert mit seiner Candida Casa den Grundstein für das christliche Schottland. Von St. Ninian's Cave, seinem Zufluchtsort an der Küste, hat man einen umwerfenden Blick auf die Irische See und kann bei gutem Wetter die Isle of Man erspähen. Wer mehr über St. Ninian herausfinden möchte, der kann in Wigtown sicher das eine oder andere Buch über ihn aufstöbern. Wigtown ist Schottlands Bücherstadt mit zahllosen Antiquariaten. Der älteste und mit 80 000 Titeln in den Regalen Schottlands größter Secondhand-Buchladen ist „The Bookshop" in der North Main Street – seit einem Vierteljahrhundert ein Mekka für Bibliophile. Das Scottish Book Town Festival im September bringt Betrieb in das kleine Städtchen. Und der Dichter Robert Burns (1759–1796) lebte ab 1791 in Dumfries, der heute mit über 30 000 Einwohnern größten Stadt des Südens.

HEIRATSHAUPTSTADT

Direkt an der Grenze zu England liegt der berühmte Zufluchtsort für Paare, die sich auch ohne die Zustimmung ihrer Eltern das Jawort geben wollten. Prominentes Beispiel sind der Earl of Westmoreland und die Bankerbin Sarah Child: Gewiss, dass ihre Eltern einer Heirat niemals zustimmen würden, büxten sie eines schönen Maimorgens aus und machten sich auf nach Schottland – anno 1782. Der Schmied traute sie noch am selben Tag.

Vom Rathausturm hat man einen schönen Blick auf die Häuserzeilen von Wigtown.

RUNDREISE DURCH EIN LAND DER KONTRASTE

Schottland in acht Tagen

Ist es möglich, ein Land in all seiner Vielfalt in nur acht Tagen kennenzulernen? Sicher nicht. Besonders ein solch facettenreiches Land wie Schottland. Dennoch lässt sich dabei sicher mehr als nur ein erster Eindruck gewinnen. Das Gute dabei: Sie können selbst entscheiden, auf welche Weise Sie Lowlands und Highlands für sich entdecken.

Schottland-Reisende haben die Qual der Wahl. Ihnen bieten sich mannigfaltige Möglichkeiten, raue Küsten und wilde Seen, kosmopolitische Städte und urige Dörfer zu erleben: Schließen Sie sich einer organisierten Busreise an, gondeln Sie in Eigenregie mit dem Wagen durch Low- und Highlands oder starten Sie von einem der zahlreichen Ferienhäuser zu ausgedehnten Erkundungstouren. Ob als Familienurlaub geplant, als Kulturreise mit individueller Note oder als Naturtrip, für jeden ist hier das Passende dabei.

Für welche Variante Sie sich letztlich entscheiden, Schottland ist so abwechslungsreich, dass alle Geschmäcker auf ihre Kosten kommen: Wer das Wasser liebt, wird sich an der Küste oder den Binnengewässern orientieren. Passionierte Golfspieler werden problemlos traumhafte Plätze in atemberaubender Umgebung finden. Und während Wandersleut und Naturliebhaber die Abgeschiedenheit der Highlands oder die Vielfalt der schottischen Inselwelt suchen werden, sollten Edinburgh oder Glasgow bei Städtehoppern ganz oben auf der Liste stehen.

Bleibt die Frage, wie acht Tage der Vielfalt gerecht werden können. Eine Frage, angesichts derer jeder Schottland-Kenner erst ungläubig den Kopf schütteln und dann seine ganz eigenen Favoriten kundtun würde. Folgender Reiseplan ist ein kleiner Anfang, der einige Highlights vorstellt und dabei hilft, die viel zu knappe Zeit in Schottland zum unvergesslichen Erlebnis zu machen.

START IN SCHOTTLANDS KAPITALE

Idealer Startpunkt der Reise ist Edinburgh, die Stadt mit den zwei Gesichtern. In der Old Town können sich Besucher im mittelalterlichen Gewirr von Sträßchen und Gassen verirren oder auf der wahrhaftig königlichen Royal Mile entlangschlendern. Sie werden dem Castle auf dem vullkanischen Basaltfelsen und auch dem Palace of Holyrood House Ihre Aufwartung machen. Wer will, kann bei Kiltherstellern auch gleich das passende Outfit für die folgenden Tage erwerben. Die New Town hingegen ist rationaler Ausdruck der schottischen Aufklärung, eine weiträumige georgianische Anlage. Während die Princes Street zum Flanieren einlädt, lernt man bei einem Pub-Crawl in der Rose Street Schottlands geselliges Gesicht kennen.

Doch nicht zu lange, denn am folgenden Tag sollte ein Ausflug in die Borders südlich von Edinburgh Abwechslung zum städtischen Treiben bieten. Im lieblichen Tal des Tweed oder in den Hügeln des „Southern Upland" werden die Wanderschuhe geschnürt. Unterwegs sollte man zumindest eine der Border Abbeys besuchen, der romantisch anmutenden Klosterruinen des Grenzlands. Auch einen Besuch von Abbotsford House, Sir Walter Scotts Residenz, wird man nicht bereuen. Und wer das große Glück hat, im Sommer eines der Common-Riding-Volksfeste in den Städtchen der Borders zu erleben, wird erfahren, welch hohen Stellenwert Traditionsliebe und eine lebendige Kultur in diesen Gemeinden haben.

IN DEN WESTEN

Dass Schottland ein Land der Kontraste ist, wird spätestens dann ersichtlich, wenn es von den pittoresken Borders in die Highlands geht. Mit jeder Meile ändert sich das Antlitz der Landschaft dramatisch: Majestätische Berge thronen über dem Loch Lomond. Unweit davon liegen die dichten, ursprünglichen Wälder der Trossachs, während im Rannoch Moor das Auge über sanfte Hügel, im Sonnenlicht schimmerndes Heidekraut und Tümpel und Sümpfe schweift. Und schließlich könnte man noch den spektakulären Bergpass von Glencoe überwinden, bis man die Inseln der Westküste oder den Silberstrand von Morar erreicht.

Bereits am vierten Tag angekommen, macht man nun auch Bekanntschaft mit der oft rauen See vor Schottlands Küste. Mit der

Unmittelbar am Wasser finden sich Übernachtungsmöglichkeiten oder auch Ferienhäuser, so auch das Urquhart House auf der Insel Skye: eingebettet in weite, beeindruckende Natur.

Alles ist in acht Tagen nicht drin. Aber Schottland läuft ja nicht davon!

Fähre von Mallaig oder über die Brücke bei Kyle of Lochalsh gelangt man auf die Insel Skye, der die markanteste Bergkette Schottlands – The Cuillin – ihren Stempel aufgedrückt hat. Oft stürzt die zerklüftete Küste der Halbinsel Trotternish jäh ins Meer ab, während die Insel im Süden mit Weiden und Wäldern ihr sanftes Gesicht zeigt.

Wie in so vielen Zielen könnte man auch auf der „Wolkeninsel“ einen ganzen Urlaub verbringen. Bei einer kleinen Wanderung kann man erahnen, warum: So geht es beispielsweise von Portree aus an der gleichnamigen Bucht entlang zum Loch Portree, wobei stets die Cuillin-Kette in der Ferne und die Nachbarinsel Raasay im Blickfeld bleibt – 3 Kilometer bzw. ein bis zwei Stunden Wegzeit, die Lust auf Mehr machen.

Doch für dieses Mal geht es weiter an der Küste entlang, wieder aufs Festland, wo sich ein Abstecher nach Plockton, sicher eines der schönsten Küstendörfer überhaupt, anschließen könnte. Am Eilean Donan Castle heißt es, die Kamera zücken, um die Lieben zu Hause neidisch machen zu können, bevor man dann der Küste Richtung Norden folgt. Und auf der Fahrt durch das Berggebiet von Torridon bis zum kleinen Fischerstädtchen Lochinver lohnt es sich erst gar nicht, den Fotoapparat wieder einzupacken!

ZWISCHEN HIGHLANDS UND LOWLANDS

Was ist untrennbar mit Schottland verbunden? Richtig: Nessie und Whisky. Diesen beiden Institutionen gehört daher der sechste Tag, an dem die Route über Inverness – mit einem wachen Auge aufs Seeungeheuer – ins Tal des Spey führt, dem Herzland des schottischen Nationalgetränks. 50 Whisky-Destillen sind in der Speyside zu Hause und freuen sich auf Besuch!

Der Whisky hilft vielleicht auch, die Wehmut zu heilen, wenn der Weg sich allmählich gen Südwesten dem Ende nähert. Zuvor stehen noch die Royal Deeside mit Balmoral, Braemar und Lochnagar auf dem Programm, wo schon Königin Victoria ihr Schottland genoss. Ein letztes Mal Natur kann man im Nationalpark der Cairngorms tanken, während Perthshire das Beste von Low- und Highlands vereinigt. An der Pier eines der Fischerdörfer des East Nuik of Fife sollte sich dann noch die Möglichkeit ergeben, die gewonnenen Eindrücke zu ordnen.

„SECOND CITY OF THE EMPIRE“

Denn schließlich steht noch eine der heißesten Adressen in ganz Großbritannien an, wenn es um Shopping geht: Willkommen in Glasgow, der einstigen „Second City of the Empire“, die längst ihr industrielles Erbe überwunden hat und eine Menge Kultur zu bieten hat. Nichtsdestotrotz sollte man sich eine kleine Einkaufstour durch die renovierte Merchant City und die Buchanan Street nicht entgehen lassen.

Und kein Besuch auf Islay? Kein Mull, kein Iona? Harris und Lewis links liegen lassen? Die Wurzeln der Zivilisation auf Orkney und Shetland ignorieren? Alles ist in acht Tagen nicht drin. Aber Schottland läuft ja nicht davon!

Anzeige
Schottland von seiner schönsten Seite!
TUI
■ Auto- & Busrundreisen
■ Kurz- & Standortreisen
■ Stadthotels & Country Houses
Lernen Sie das atemberaubende Schottland auf Ihre ganz persönliche Art kennen und profitieren Sie von unserer einmaligen Vielfalt an Erlebnisreisen.
Ausführliche Infos: www.tui-wolters.de
Tel. 0421-8999-217 oder info@wolters.tui.de
Buchung & Beratung in Ihrem Reisebüro.
powered by WOLTERS
TUI Ferienhaus
■ In den Highlands
■ Direkt am Wasser
■ Mit traumhaften Ausblicken
Erleben Sie das schottische Bilderbuchpanorama und wählen Sie aus einer Vielzahl von Ferienhäusern und -wohnungen Ihr ganz persönliches Traumhaus.
Direkt buchen: www.tui-ferienhaus.de
Tel. 0421-8999-425 oder info@wolters.tui.de
Buchung & Beratung auch in Ihrem Reisebüro.
World of TUI

Maßstab 1:950.000
0 10km
01
02
03
04
05
06
07
08
GLASGOW
EDINBURGH
Berwick-upon-Tweed
NEWCASTLE UPON
Carlisle
Dumfries
Galashiels
Melrose
Peebles
Hawick
Jedburgh
Moffat
Kelso
Stirling
Livingston
Paisley
East Kilbride
Ayr
Stranraer
Hexham
Durham
Firth of Forth
Solway Firth
Northumberland National Park

Sanfte Hügel, Hochmoore und lauschige Flusstäler

Wo König Artus begraben sein soll, holten sich einst Literaten wie Sir Walter Scott und Robert Burns ihre Inspiration: Schottlands Süden ist ein landschaftliches und kulturelles Juwel. Hinzu kommen Grenzabteien, Burgen und Schlösser – Geschichte auf Schritt und Tritt. All das macht Schottlands Süden zum Paradies für Kultur- und Naturfreunde, für Wanderer, Radler und Angler.

01 PEEBLES

Die Kleinstadt am Ufer des Tweed hat den höchsten Anteil an unabhängigen Geschäften in ganz Schottland – eine höchst lebendige High Street, in der man bis zu einer Dreiviertelstunde kostenlos parken kann. Familienbetriebe, Metzger, Bäcker, Krämerläden – selbst von Edinburgh kommen Kunden, um hier in freundlicher Atmosphäre stressfrei einzukaufen.

Sehenswert

Von der **Cairns Gallery** (72 High Street), einem als Anwaltspraxis entworfenen Stadthaus aus den 1930er-Jahren, hat man einen wunderschönen Blick über die Stadt und die dahinter liegenden Hügel. Die Galerie selbst zeigt das ganze Jahr über Werke sowohl etablierter Künstler als auch neuer Talente. Mit dem **Eastgate Theatre & Arts Centre** verfügt das Städtchen über ein modernes Kulturzentrum. Entworfen von Richard Murphy Architects, bietet es ein Auditorium mit 240 Plätzen, Probe- und Workshopräume, ein Tagescafé und eine Bar (www.eastgatearts.com/).

Veranstaltungen

Das **Peebles Beltaine Festival** im Juni markiert die Rückkehr des Sommers – ein Fest des Feuers, das auf keltischen Ursprung zurückgeht. Die **Peebles Highland Games** finden im September statt, das **Peebles International Jazz Festival** im Mai.

Umgebung

Traquair House (13 km südöstl.) gilt als das älteste kontinuierlich bewohnte Haus Schottlands. 1965 gründete Peter Maxwell Stuart, der 20. Laird of Traquair, die Brauerei, die im Mittelpunkt des Beer Festival im Mai steht (www.traquair.co.uk/).

Information

Peebles Tourist Information Centre, 23 High Street, GB-Peebles EH45 8AG

02 GALASHIELS

Galashiels verdankt seinen Namen den Shiels (Behausungen) am Gala Water. 1124 erstmals urkundlich erwähnt, ist die Geschichte der Stadt eng mit der Textilindustrie verwoben.

Sehenswert

Die eindrucksvollen **Burgh Chambers** aus dem Jahr 1867 beherrschen die Stadtmitte. In dem – fast 500 Jahre alten – **Old Gala House** am Scott Crescent wird Stadtgeschichte gezeigt und es gibt wechselnde Ausstellungen zur Lokal- und Kulturgeschichte und zu Kunst (April–Sept. Di.–Sa. 10.00–16.00, Okt. ab 13.00, Juli/Aug. auch So. 14.00–16.00 Uhr).

Aktivitäten

Das **Braw Lads' Gathering** im Juni bringt eine Woche lang Volksfeststimmung in die Stadt, mit zeremoniellen Ausritten und dem traditionellen Galopp am samstäglichen Gala Day.

Information

Galashiels Information Point, The Library Lawyers Brae, GB-Galashiels TD1 3JQ, www.galashiels.border-net.co.uk/

03 MELROSE

St. Aidan gründete hier im 7. Jh. ein Kloster, die Ruine der Zisterzienserabtei (1136) stammt aus dem 14. und 15. Jh. Die Abtei aus dem 12. Jh. wurde im 14. Jh. zerstört, wieder aufgebaut und 1554/55 erneut beschädigt. 1822 organisierten Sir Walter Scott und der Duke of Buccleuch Renovierungsarbeiten, und 1918 übergab ein späterer Duke die Klosterruine „der Nation". Alexander II. liegt hier begraben, unter dem Hochaltar soll das Herz von Robert the Bruce seine letzte Ruhestätte gefunden haben (April–Sept. tgl. 9.30–18.30, Okt.–März Mo. bis Sa. 9.30–16.30, So. 14.00–16.30 Uhr).

Start ins gemeinsame Leben in Gretna Green

Sehenswert

Darnick Tower (1425) und das **Commendator's House** (15. Jh.) sowie das Mercat Cross (1642). **Priorwood Garden** (National Trust for Scotland) neben der Abtei ist berühmt für seine Trockenblumen.

Aktivitäten

In Melrose erblickten die Rugby Sevens das Licht der Welt. **Rugby** ist der Nationalsport der Borders, und diese besondere Spielart mit sieben Spielern pro Mannschaft wird hier turniermäßig gepflegt (www.rugby7.com).

Umgebung

Abbotsford House ▶**TOPZIEL** ist Sir Walter Scotts Landsitz in den Borders, in dem er 1832 starb (März–Okt. Mo.–Sa. 9.30–17.00, März bis Mai und Okt. So. 14.00–17.00, Juni–Sept. So. 9.30–17.00 Uhr). Etwa 3 km östl. von Melrose bietet **Scott's View** einen herrlichen Blick.

Information

Melrose Tourist Information Centre, Abbey House, Abbey Street, GB-Melrose TD6 9LG, www.melrose.bordernet.co.uk

04 SELKIRK

Am Ettrick River gelegen, ist Selkirk auch heute noch ein Zentrum der Textilindustrie. 1204 tagte in Selkirk das schottische Parlament.

Sehenswert

Im **Town House** ist der Gerichtssaal, in dem Walter Scott drei Jahrzehnte lang als Amtsrichter waltete (April–Okt. Mo.–Sa. 10.00–16.00, Juni/Aug. auch So. 14.00–16.00 Uhr).

Museum

Über die Geschichte der Stadt und ihre Industrie informiert das **Halliwell's House Museum**

Tipp

Infos in aller Kürze

Allgemeine Informationen über diese Region: Scottish Borders Tourist Board, Shepherd's Mill, Whinfield Road, GB-Selkirk TD7 5DT, Tel. 01750/2 05 55, Fax 01750/2 18 86, www.visitscottishborders.com.

Bei **Mountainbikern** besonders hoch im Kurs stehen der Red Freetrail Trail im Glentress Forest (bei Peebles) und der Red Bull Downhill Course bei Innerleithen sowie ein Gelände im Newcastleton Forest. Sie sind Teil der 7stanes Centres (www.7stanes.gov.uk).

am Marktplatz (März–Okt. Mo.–Sa. 10.00 bis 17.00, So. 14.00–16.00, Juli/Aug. So. bis 17.00 Uhr).

Aktivitäten
Jeden Juni veranstaltet Selkirk das mit bis zu 500 teilnehmenden Reitern zweitgrößte **Common Riding** der Borders. Scott's Selkirk wurde 2000 als Winterfestival ins Leben gerufen. Historische Trachten, Konzerte, Rugby und Feuerwerk bringen im Dezember Farbe in die „auld grey toun" – die alte graue Stadt.

Information
Selkirk Tourist Information Centre, Halliwell's House, Market Place, GB-Selkirk TD7 4BL, www.selkirk.bordernet.co.uk

05 HAWICK

Hawick am River Teviot ist die größte Stadt der Borders und eines der traditionellen Zentren der Textilindustrie. Schon im 17. Jh. wurde hier von Hand gestrickt. 1820 hatte Hawick die Hälfte aller schottischen Strickmaschinen und 50 Textilfabriken, darunter die der Famile Pringle, mit insgesamt über 3000 Beschäftigten.

Sehenswert
Das **Reiterstandbild** in der High Street erinnert an das Jahr nach der verheerenden Niederlage von Flodden (1513), bei der die meisten Männer aus Hawick im kampfesfähigen Alter umgekommen waren. Englische Eroberer, die die Stadt angriffen, wurden von Jugendlichen geschlagen, die dabei die englische Fahne erbeuteten. In den **Trinity Mills** (1874) bietet die Cashmere Company ihre feinen Produkte an (www.hawickcashmere.com). Über die turbulente Stadtgeschichte erfährt man mehr im **Drumlanrig's Tower** (auch Tourist Information Centre).

Museen
Auch das **Hawick Museum** und die **Scott Gallery** reflektieren Stadtgeschichte und bieten Raum für zeitgenössische Kunstausstellungen.

Aktivitäten
Im Juni gedenkt die Stadt mit dem größten und vermutlich ältesten **Common Riding** der Abwehr des Angriffs von 1514.

Umgebung
13 km nördl. gibt die Grenzlandabtei von **Dryburgh** (12. Jh.) einen guten Eindruck vom Leben der mittelalterlichen Mönche (Mo.–Sa. tgl. 9.30–18.30, Okt.–März Mo.–Sa. 9.30–16.30, So. 14.00–16.30 Uhr). **Langholm** in Dumfriesshire (The Muckle Toon, 23 km südl.; www.langholm-online.co.uk) liegt am Zusammenfluss von Esk und Ewes Water. Eine nicht mehr genutzte Kirche auf dem Castle Holm beherbergt das Armstrong Clan Museum. 1972 wurde dem Mondfahrer Neil Armstrong als erstem Ehrenbürger der Stadt ein großer Empfang bereitet.

Laut eigener Aussage „One of the Britain's Best Butchers!" in Selkirk – wer wollte zweifeln?

Information
Hawick Tourist Information Centre, Tower Knowe, GB-Hawick TD9 9EN, www.teribus.com

06 JEDBURGH

Für Augustinermönche aus St. Quentin gründete David I. 1138 die Abtei von Jedburgh. Die Ruinen geben heute einen Eindruck von einem der wichtigsten religiösen Zentren der Borders.

> **Tipp**
>
> **Reine Wolle**
>
> In Jedburgh, einer Textilhochburg, wurde der typische Tweed-Look entwickelt. Heute findet man sowohl in der **Jedburgh Woollen Mill** als auch in der **Edinburgh Woollen Mill** an der Ortsausfahrt von Jedburgh eine reiche Auswahl an Wollwaren und anderen Souvenirs.
> In der **Moffat Woollen Mill** gibt es nicht nur die wertvollen Stoffe zu kaufen – hier informiert auch das Clan Tartan Centre über die schottischen Karomuster.

Sehenswert
sind das **Mary Queen of Scots House,** in dem die unglückliche schottische Königin im Oktober 1566 verweilte, und die **Häuser am Castlegate** – in einem davon übernachtete Bonnie Prince Charlie (Prince Charles Edward Stuart) auf seinem Zug nach England 1745.

Umgebung
Walter Scott, der hier zur Schule ging, beschrieb **Kelso** als „das hübscheste, wenn nicht gar das romantischste Dorf in Schottland". Im italienischen Stil erbaut ist die Town Hall (1816), das Kornhaus stammt von 1855, der Marktplatz hat Kelso den Beinamen „The Cobbled Town" (cobble stones = Kopfsteinpflaster) eingebracht (www.kelso-online.co.uk). **Floors Castle** liegt im Westen von Kelso. Hier locken Zinnen, prachtvolle Säle mit alten Familienporträts und ein Schatz von fast 1400 Gold- und Silbermünzen, dazu ein herrlicher Park und Garten (www.floorscastle.com).

Information
Jedburgh Tourist Information Centre, Murray's Green, Abbey Place, GB-Jedburgh TD8 6BE, www.jedburgh-online.org.uk

07 MOFFAT

Moffat in Dumfriesshire, dank seiner Schwefelquellen einst Kurort, hat sich den Titel „Scotland in Bloom" gleich mehrmals geholt: Nicht nur im Station Park blüht es im Sommer farbenprächtig, auch in der High Street prangen Blumenkörbe.

Museum

Im **Museum** (The Neuk, Churchgate) gibt es Wissenwertes über die Geschicht der Stadt zu erfahren (Ostern, dann Pfingsten bis Ende Sept. Mo., Di., Do.–Sa. 10.45–16.15 Uhr).

Information

Moffat Tourist Information Centre, Churchgate, GB-Moffat DG10 9EG, www.visitmoffat.co.uk

08 DUMFRIES

„The Queen of the South" – die Stadt am River Nith ist eng mit Schottlands politischer und kultureller Geschichte verwoben. Robert the Bruce ermordete hier im Jahr 1306 seinen Rivalen Red Comyn, Schottlands Nationalbarde Robert Burns verlebte seine letzten Jahre hier, und „Peter Pan"-Autor James Matthew Barrie (1860–1937) ging hier zur Schule.

Sehenswert

Ein Stadtrundgang sollte Erfrischungen im **Globe Inn** in der High Street einschließen – tafelte und zechte doch hier bereits Burns. Am Westufer des River Nith beheimatet die Wassermühle aus dem 18. Jh. das **Robert Burns Centre** (April–Sept. Mo.–Sa. 10.00–17.00, So. ab 14.00, Okt.–März Di.–Sa. 10.00–13.00, 14.00 bis 17.00 Uhr). Burns' House (24 Burns Street), eine der Adressen des Barden, ist ebenfalls zugänglich (April–Sept. Mo.–Sa. 10.00–17.00, So. 14.00–17.00, Okt.–März Di.–Sa. 10.00–13.00, 14.00–17.00 Uhr). Im **St. Michaels Kirkyard** fand er im 1815 erbauten Mausoleum seine letzte Ruhe. In die Devorgilla Bridge hineingebaut ist das **Old Bridge House** (1660), ältestes Gebäude von Dumfries.

Museum

Im Windmühlenturm auf dem Corbelly Hill sind das **Museum von Dumfries** und die **Camera Obscura** untergebracht (Museum April–Sept. Mo.–Sa. 10.00–17.00, Okt.–März Di.–Sa. 10.00 bis 13.00, 14.00–17.00, Camera Obscura April bis Sept. 10.00/14.00–17.00 Uhr).

Umgebung

12 km südl. von Dumfries ist **Caerlaverock Castle** einen Besuch wert (April–Sept. tgl. 9.30–18.30, Okt.–März eingeschränkt). Etwa 35 km südöstl. von Dumfries ist das Grenzdorf **Gretna Green** (s. S. 33) seit 1745 als Heiratshauptstadt Schottlands berühmt.

Information

Dumfries Tourist Information Centre, 64 Whitesands, GB-Dumfries DG1 2RS, www.visitdumfriesandgalloway.co.uk

DuMont Aktiv

Textil-Workshop im Cottage

Warum nicht einen Aufenthalt in einem der drei vom Bauernhof zum Feriendomizil umgebauten Cottages in den Borders, etwa 5 km nördlich von Kelso, mit einem Workshop in textilem Arbeiten verbinden? Die Borders, eine wunderbare Region auch für viele andere Aktivitäten, schauen auf eine stolze Tradition auf diesem Gebiet.

Schon im 13. Jahrhundert wurde von Galashiels aus Wolle nach Flandern exportiert. Die Textilindustrie hat die Borders berühmt gemacht. Tartan, Wolle, Tweed und Cashmere sind hier zu Hause.

KREATIVITÄT IST GEFRAGT

Workshops widmen sich den Textilien, es wird genäht, gestickt ... Mit 7 bis 12 Teilnehmern finden sie in der Regel einmal pro Monat statt. Die Thematik ist unterschiedlich: mal wird nach Vorgaben gearbeitet, mal ist die eigene Kreativität in der Entwicklung neuer Designs gefragt. So entstehen neue Schöpfungen auf traditionellen Wegen. Die Kurse dauern ein oder zwei Tage und sind auch für Anfänger geeignet.

Kurse unter Anleitung oder Freestyle

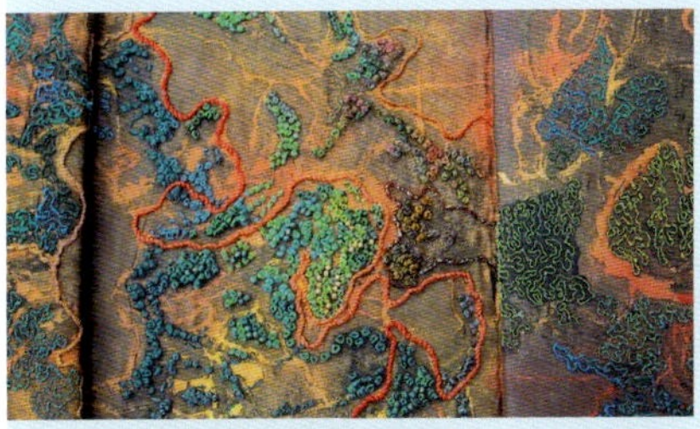

Moderne Muster in bewährter Machart

TWEEDIGES

Der Name Tweed geht übrigens auf ein kleines Missverständnis zurück – ein Londoner Händler verschrieb sich: statt Tweel (oder Twill) orderte er Tweed, und da traf es sich gut, dass der Fluss Tweed durch die Borders fließt. So gehören auch heute für viele die Borders, der Fluss und der Stoff untrennbar zusammen.

WEITERE INFORMATIONEN

www.burnbraehol.co.uk: Informationen über die Cottages für Selbstverpfleger und die Workshops, aber auch über das gesamte Urlaubsangebot in den Borders.

Dauer der jeweiligen Kurse:
1–2 Tage, 10.00–16.00 Uhr

Weitere Aktivitäten in den Borders: Im Nenthorn Riding Centre sind Pferde zu leihen. Die „4 Abbeys Cycle Route" verbindet über 88 km die vier Grenzabteien von Kelso, Jedburgh, Melrose und Dryburgh. Oder man erkundet das Wanderparadies Borders zu Fuß.

261

Städte mit Auszeichnung

Edinburgh und Glasgow liegen nur 60 Kilometer voneinander entfernt, und doch könnten die beiden größten Städte Schottlands nicht verschiedener sein. Wie immer lohnt es sich, etwas genauer hinzusehen. Dabei stellt sich heraus, dass sich hinter all den gängigen Klischees – Edinburgh: Middle Class, Glasgow: Working Class – ein recht ungleiches Paar verbirgt, bei dem gleichwohl jeder Teil über seine ganz eigenen (und oftmals ganz unvermuteten) Reize verfügt. Die eine ist zudem UNESCO-Welterbe, die andere war Kulturhauptstadt.

In modernen Wollstoffen auf die Bühne: Highland Games, auch in Glasgow

Vom Calton Hill mit seinem Dugald Stewart Monument (rechts) in Edinburgh schweift der Blick weit über die Stadt, in der die Altstadt (unten rechts), aber auch die Stadtbibliothek (unten) neue Perspektiven eröffnen.

Edinburgh hat Historie auf Schritt und Tritt und Kultur bis zum Abwinken. Glasgow ist eine Industrieruine mit großer Vergangenheit, die einst im Schiffs- und Maschinenbau global reüssierte, gar als „Second City of the Empire" galt und sich nun postindustriell neu erfinden muss. Da gibt es kaum Gemeinsamkeiten, oder? Aber was ist das: Modebewusste shoppen im Italian Centre, der Architekt und Designer Charles Rennie Mackintosh hinterließ hier seine Spuren, die Burrell Collection genießt Weltruf, und das runderneuerte Kelvingrove Museum schlägt in puncto Besucherzahlen alle Rekorde. Wo? In Glasgow. Auf der anderen Seite: Hat Edinburgh etwa keine sozialen Pro-

„Rebus bewegte sich durch den Dschungel der Stadt, jenen Dschungel, den die Touristen nie zu sehen bekamen..."

Ian Rankin, Verborgene Muster

bleme, nur weil die Stadt versucht, diese an die Peripherie abzudrängen? Tatsächlich wäre es nicht nur unfair, Edinburgh auf seine Rolle als kulturelle Metropole zu reduzieren und Glasgow auf seine als Stadt des Handels – es wäre auch noch lange nicht die ganze, wahre Geschichte.

EDINBURGH: FESTIVAL CITY

In welchem Monat man auch nach Edinburgh reist – irgendein Festival findet immer statt. Ganz dick kommt es im August, der mit dem International Jazz & Blues Festival eingeleitet wird, bevor das größte Kulturfestival der Welt übernimmt, das International Festival und das Festival Fringe. Dazu knapp drei Wochen lang das Military Tattoo auf der Esplanade der Burg, das International Book Festival im Charlotte Square sowie die multikulturelle Mela (das International Film Festival findet im vergleichsweise ruhigeren Juni statt). All

Ob in einer Großstadt wie Edinburgh (ganz oben) oder in einem Dorf – gemeinsam in einem Pub zu singen verbindet immer. Ruhiger geht es im Café Royal in Edinburgh zu, während draußen der Verkehr tost.

Zwischen Landschaft, Mythologie und Genre – die Gemäldesammlung der Nationalgalerie in Edinburgh versammelt große Werke der Kunstgeschichte.

Special EDINBURGH: UNESCO CITY OF LITERATURE

Zwei Trios der Literatur

Edinburgh ist die erste „UNESCO City of Literature". Das hat die Stadt vor allem den Klassikern Robert Burns, Sir Walter Scott und Robert Louis Stevenson zu verdanken wie auch den Gegenwartsautoren Ian Rankin, Joanne K. Rowling und Alexander McCall Smith.

Burns, Scott und Stevenson haben ihren Platz im literarischen Olymp schon lange sicher. Ian Rankin gehört zu den besten Krimiautoren in englischer Sprache. Seine Inspector-Rebus-Romane liegen alle auch in deutscher Übersetzung vor und geben ein ganz ungeschminktes Bild der weniger touristischen Seiten Edinburghs. Joanne K. Rowling gelangte mit ihren Harry-Potter-Romanen zu Weltruhm und ungeahntem Reichtum. Und Alexander McCall Smith hat mit Mma Ramotswe, der ersten Privatdetektivin Botsuanas, eine charmante Figur geschaffen.

Klassisch: Sir Walter Scott

Joanne K. Rowling weckte die Leselust.

dies lockt bis zu einer Million Besucher in die Halbmillionenstadt Edinburgh. Zur Massenattraktion mutierte inzwischen auch der schottische Jahreswechsel – Hogmanay genannt. Dabei war das bis Anfang der 1990er-Jahre noch ein rein lokales Ereignis: Hunderte von Edinburghern trafen sich an der Tron Kirk (High Street), um dort den Glockenschlägen zu lauschen, die das neue Jahr einläuteten. Danach gab es Küsschen und Umarmungen, einen Schluck aus der mitgebrachten Pulle, bevor man sich zum „First Footing" aufmachte: Wer den ersten Fuß über die Schwelle setzte, musste ein kleines Geschenk mitbringen – traditionell ein Stück Kohle oder einen Kanten Brot, in jüngerer Zeit eher einen Sixpack Bier.

Heute ist Hogmanay ein international vermarkteter Partybetrieb. Mehr als 100 000 Besucher aus aller Welt feiern in den Straßen der Altstadt und in den Princes Street Gardens bei Live-Musik und Brillantfeuerwerk. Nicht wenige Edinburgher bedauern diese Kommerzialisierung und sehnen sich nach den alten beschaulicheren Tagen zurück – was der Partystimmung aber offensichtlich gar keinen Abbruch tut.

EINE HASSLIEBE

Edinburgh war für den englischen Dichter John Betjeman (1906–1984) schlicht

Es sind Millionen, die vor Ort und an den Fernsehbildschirmen das Military Tattoo vor dem Castle verfolgen.

Pipe-Dreams gehören zum Tattoo (oben). Robert the Bruce, dem Anführer der schottischen Aufständischen, kann man unterwegs auch mal begegnen – in Gestalt eines Straßenkünstlers (rechts).

Steil ragt der Fels auf, auf dem sich Edinburgh Castle erhebt. Es markiert einen Endpunkt der Royal Mile.

die schönste Stadt der Welt. Robert Louis Balfour Stevenson (1850–1894), der in Edinburgh geborene Autor der „Schatzinsel", hatte ein etwas zwiespältiges Verhältnis zu seiner Stadt. Er sah beide Seiten: die des wohlsituierten Bürgertums, in das er als Jura studierender Sohn eines wohlhabenden Ingenieurs hineingeboren wurde, und die der Spelunken und der Halbwelt, in denen er sich gerne herumtrieb. Er hasste das Wetter von Edinburgh, das seiner ohnehin aufgrund eines Lungenleidens angegriffenen Gesundheit schwer zu schaffen machte und ihn schließlich aus seiner Heimatstadt vertrieb. Doch je weiter er sich von dort entfernte (er starb auf der Pazifikinsel Samoa), desto inniger schrieb er über sie. Er war es auch, der diesem Dualismus mit seinem 1886 erschienenen Roman „The Strange Case of Dr. Jekyll und Mr. Hyde" literarischen Ausdruck verschaffte. Zwar siedelte er ihn in London an; inspiriert dazu hatte ihn aber das Schicksal von Deacon William Brodie (1741–1788), der bei Tag ein respektabler Bürger und Geschäftsmann war, bei Nacht aber ein Einbrecher und Dieb.

Selbst in der Anlage der Stadt spiegelt sich dieser Dualismus wider. Die Altstadt mit ihren engen Gassen und Winkeln, ihren Brücken und unterirdischen Gemächern und Gängen; mit Häusern, deren Geschichte bis ins Mittelalter zurückreicht, kontrastiert mit der im 18. Jahrhundert – im Zeitalter der „Schottischen Aufklärung" – am Reißbrett entworfenen Neustadt mit ihren georgianischen Plätzen, den breiten Durchgangsstraßen und Parkanlagen, den repräsentativen Wohnungen, Anwaltspraxen und Finanzbüros.

WELTERBE-STADT

Nach der verheerenden schottischen Niederlage auf dem Schlachtfeld von Flodden (1513) hatte sich Edinburgh aus Furcht vor englischen Angreifern eingeigelt, den Flodden Wall gebaut, und sich erst mit der New Town im 18. Jahrhundert wirklich über diese Stadtgrenze hinaus gewagt. Ergebnis war, dass in den dazwischenliegenden Jahrhunderten in die Höhe gebaut wurde, um dem Bevölkerungswachstum in der Stadt gerecht zu werden – entlang der Royal Mile reihten sich „Wolkenkratzer" mit mehr als einem Dutzend Stockwerken. Aber es herrschten auch unbeschreibliche hygienische Missstände, die immer wieder zu Epidemien führten. Nicht umsonst war Edinburgh als „Auld Reekie" verschrien – eine Stadt, die man roch, lange bevor man sie sah. Bis die Stadtväter, ermutigt durch die Stabilität und den neuen Wohlstand nach der Union mit England (1707), den weitsichtigen Entschluss fassten, die New Town zu bauen. Heute stehen beide Stadtteile auf der UNESCO-Liste.

Es wurde in die Höhe gebaut, um dem Bevölkerungswachstum gerecht zu werden.

ATHEN DES NORDENS

Wie Rom auf sieben Hügeln erbaut, erhielt Edinburgh im 18. Jahrhundert als eine von Kant bis Voltaire bewunderte europäische Metropole der Aufklärung den Beinamen „Athen des Nordens" (wohl in Anspielung auf das Wetter spottete der britische Dramatiker Tom Stoppard, „Rejkjavik des Südens" wäre vielleicht eine passendere Bezeich-

Glasgow war Kulturhauptstadt und Stadt der Architektur und des Designs – sind doch hier gotischer Stil in der Kathedrale (ganz oben), Art Nouveau in der Glasgow School of Art (oben) und auch reichlich aufwendige Innendekorationen wie im Treppenhaus des Rathauses, hier in Gestalt von Carrara-Marmor, versammelt.

Kelvingrove Art Gallery and Museum präsentiert unter anderem Kunst – epochenübergreifend.

Der Wohlstand aus dem Handel schlug sich auch in der Architektur der Stadt nieder.

nung). Die Akropolis auf dem Calton Hill blieb allerdings unvollendet, da den Bürgern im 19. Jahrhundert das Geld ausging. Herzstück der Altstadt ist die Royal Mile, die Verbindungslinie zwischen Castle und Palace of Holyroodhouse. Hier rollten Staatskarossen, hier rebellierte der Mob, hier wurde öffentlich gehängt – ein geschichtsträchtiges Pflaster. Das Castle selbst auf seinem Vulkanhügel ist mit jährlich nahezu 1,2 Mio. Besuchern Schottlands beliebteste Touristenattraktion. Am anderen Ende der Royal Mile steht das mit nicht weniger als acht renommierten Architekturpreisen ausgezeichnete neue schottische Parlament. Nach dem Referendum 1997 fanden zwei Jahre später die Wahlen zum ersten schottischen Parlament seit 1707 statt. Seitdem machen hier 129 Abgeordnete die Gesetze für Schottland. Ob die Teilautonomie aber tatsächlich den „settled will of the Scottish people" verkörpert (so der 1994 verstorbene Labour-Vorsitzende John Smith), ist unklar. Die schottische Nationalpartei strebt ein unabhängiges Schottland an. 300 Jahre nach dem Zusammenschluss mit England steht die Union für viele Schotten erneut zur Debatte.

KULTURHAUPTSTADT GLASGOW

Zu Beginn des 19. Jahrhundert war Glasgow noch eine beschauliche Kleinstadt

Stylish aufwärts im Shopping-Center in Glasgow

Norman Fosters Clyde Auditorium in Glasgow mit der Bell's Bridge

Auch in der Nähe von Glasgows Buchanan Street lässt es sich shoppen, wenn auch nicht wie dort unter Arkaden.

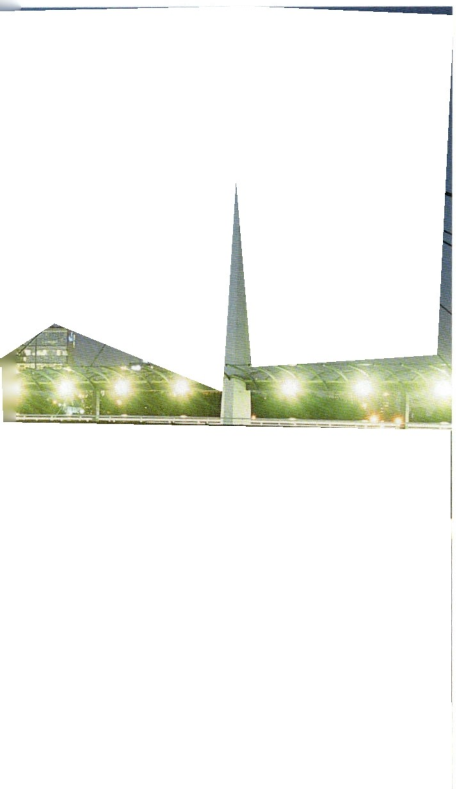

Nicht Glasgow-spezifisch: giggelnd durch die Straßen ziehen

am River Clyde. Am Ende des Jahrhunderts lebten und arbeiteten hier 400 000 Menschen. Kurz vor dem Ersten Weltkrieg liefen in einem einzigen Jahr 365 hochseetaugliche Schiffe vom Stapel, mehr als 40 Werften drängten sich entlang des Flusses. Die Union hatte für Schottland den Handel mit den Kolonien geöffnet. Die „Tobacco Lords" von Glasgow waren zur Stelle, ließen sich pfeilschnelle Clipper bauen und verdienten sich im Tabak- und Baumwollhandel mit der Neuen Welt eine goldene Nase. Das schlug sich auch in der Architektur der Stadt nieder. So protzt das Rathaus (City Chambers) am George Square mit einer wahren Marmororgie.

„Clydebuilt" stand für Qualität, ob im Schiffbau oder bei Lokomotiven. Glasgow war die „Werkstatt des Empire". Bis zur Mitte des 20. Jahrhunderts stieg die Bevölkerungszahl auf fast eine Million an. Doch dann kam die große Krise. Mit dem Schiffbau ging es bergab, Stahl- und Textilindustrie litten ebenfalls unter der Konkurrenz aus Billiglohnländern. Slumbereinigungen und die Gründung von neuen Städten im Umfeld sorgten für einen empfindlichen Bevölkerungsrückgang auf heute ungefähr 650 000. Glasgow wurde zum Problemfall. Chronische Arbeitslosigkeit, Drogen und Kriminalität – die Bezeichnung „Chicago Schottlands" machte die Runde.

IN NEUEM GEWAND

In mancher Hinsicht ist Glasgow tatsächlich eine „amerikanische" Stadt, nicht zuletzt wegen der Autobahn, die besonders weitsichtige Verkehrsplaner und Stadtväter mitten durch die Stadt geführt haben. Aber Glasgow hat erhebliche Anstrengungen unternommen, um sich am eigenen Schopf aus dem Morast zu ziehen. Mit großem Erfolg: Im Jahr 1990 war die Metropole die „Europäische Kulturhauptstadt", 1999 wurde sie zur „Britischen Architektur- und Designstadt" gekürt.

Glasgow erfuhr eine Renaissance als Einkaufsmekka.

SHOP TILL YOU DROP

Die bemerkenswerteste Renaissance erfuhr Glasgow als Einkaufsmekka. Boutiquen und Edelläden mit exklusiven Designermarken findet man in der renovierten Merchant City gleich hinter dem Rathaus. Die Buchanan Street ist nach Londons Bond Street die lukrativste Einkaufsmeile Großbritanniens. Der ehemalige Bahnhof St. Enoch's beherbergt nun eine Shopping Mall, und die pittoreske Argyle Arcade aus dem 19. Jahrhundert ist berühmt für ihre Juwelierläden. Schnäppchen jagt man im East End von Glasgow (Gallowgate) schon, seit hier vor fast 100 Jahren als erste Händlerin Maggie McIver ihren Stand aufschlug und weitere Händler anzog. Die Barrowlands waren geboren, „The Barras". Jeden Samstag und Sonntag wird auf dem Flohmarkt (fast) alles aus erster, zweiter und dritter Hand feilgeboten, was man braucht oder auch nicht. Vorsicht geboten ist bei Designerware – sie könnte durchaus „von einem Lastwagen gefallen" oder billiges Imitat sein. Auch Schlangenöl braucht man sich nicht aufschwatzen zu lassen – selbst dann nicht, wenn die Verkäufer noch so eloquent sind und ihr Wundermittel angeblich alle Zipperlein kuriert.

SCHOTTISCHE KÜCHE

Jenseits der Klischees

Ob Haggis, Shortbread, Räucherlachs, Austern oder Langusten: Schottland ist auch lukullisch ein Land der Kontraste. Neben dem allgegenwärtigen Fast Food entdeckt man inzwischen verstärkt die Köstlichkeiten der regionalen Küche. Fisch und Meeresfrüchte garantieren wahre Gourmetfreuden.

Die britische – und damit auch die schottische – Küche hatte lange einen miserablen Ruf. Verkochtes Gemüse, Würstchen, Bohnen und als Krönung ins lokale Abendblatt gewickelte Fish and Chips! Und überhaupt: Chips with everything. Schottlands kleiner Horrorladen reicht bis zu Haggis (zu Unrecht!).

All dies (außer dem Zeitungspapier für die Fish 'n' Chips) gibt es bis heute. Und dementsprechend besorgniserregend sind die Gesundheitsstatistiken im Land – zu viel Fett, zu viel Zucker, zu viel Alkohol. Das gilt besonders für die sozial benachteiligteren Schichten – mit dem Resultat: Übergewicht, Herzinfarkt, Schlaganfall. In den ärmsten Vierteln von Glasgow erreicht die Lebenserwartung nur den „Dritte-Welt"-Wert von gerade mal 54 Jahren – in den Vierteln der Mittel- und Oberschicht beträgt sie dagegen bis zu 82 Jahren!

ERSTKLASSIGE PRODUKTE VOR DER HAUSTÜRE

Aber die Regionalküche wird neu entdeckt. Leckere Gerichte mit frischen Produkten aus der Region gibt es nicht mehr nur für die wenigen, die sich Nobelherbergen leisten können. Auch Gourmets mit kleinerem Geldbeutel finden viele Alternativen zum Fast Food: Mehr als 250 schottische Betriebe haben sich bereits der Slow-Food-Bewegung angeschlossen. Ein Wunder ist das nicht: Schließlich hat Schottland die besten Zutaten für schmackhafte Gerichte gleich vor seiner Haustür.

REGIONALE KÖSTLICHKEITEN

„Schottisches Rind ist das beste der Welt", sagt Tony Borthwick, Chef des mehrfach ausgezeichneten Lokals „The Plumed Horse" in Leith. Mit seiner Meinung steht er nicht allein. In jüngster Zeit entdeckte man Lamm aus Galloway etwa oder von den Orkney- und Shetland-Inseln, Angus-Rind aus dem Nordosten, Loch-Fyne-Austern, Hummer, Krebse und Krabben, Arbroath Smokies (geräucherten Schellfisch), Bachforellen, Hechte und Lachse, Cheddar von der Isle of Mull, Lanark Blue und White Diamond aus Galloway, Wild (Fasan, Rebhuhn, Hirsch und Reh), Obst und Beeren aus dem Clyde Valley wie aus Perthshire ...

Zudem besinnt man sich in Schottland wieder vermehrt auf die Saisonküche. Dabei helfen die Farmers' Markets, die es inzwischen fast überall gibt, mit Frischprodukten aus erster Hand.

MAHLZEIT!

Und die Essgewohnheiten? Nach einem üppigen Frühstück reicht zu Mittag meist ein Sandwich oder ein Salat. Der High Tea zwischen vier und fünf Uhr nachmittags ist ein Luxus, den man sich zumindest einmal gönnen sollte. Zum Tee türmen sich dann Sandwiches, Scones und Kuchen auf. Und abends lädt die schottische Küche mit allem ein, was sie zu bieten hat. Wer dann noch Lust auf einen Nachtisch hat – wie wär's mit Cranachan (einer Haferflockencreme) oder Clootie Dumpling (einem würzigen Früchtekuchen)?

FAKTEN

Das klassische schottische Frühstück

Vor allem in B&Bs and Guesthouses werden in der Frühe Porridge (Haferbrei, meist gesalzen), Speck und Eier, Black Pudding (der beste aus Stornaway als „marag dubh"), gegrillte Tomaten, auch Kippers (geräucherter Hering), Hash Browns (Kartoffelpuffer), Würstchen, Pilze und viel Tee serviert.

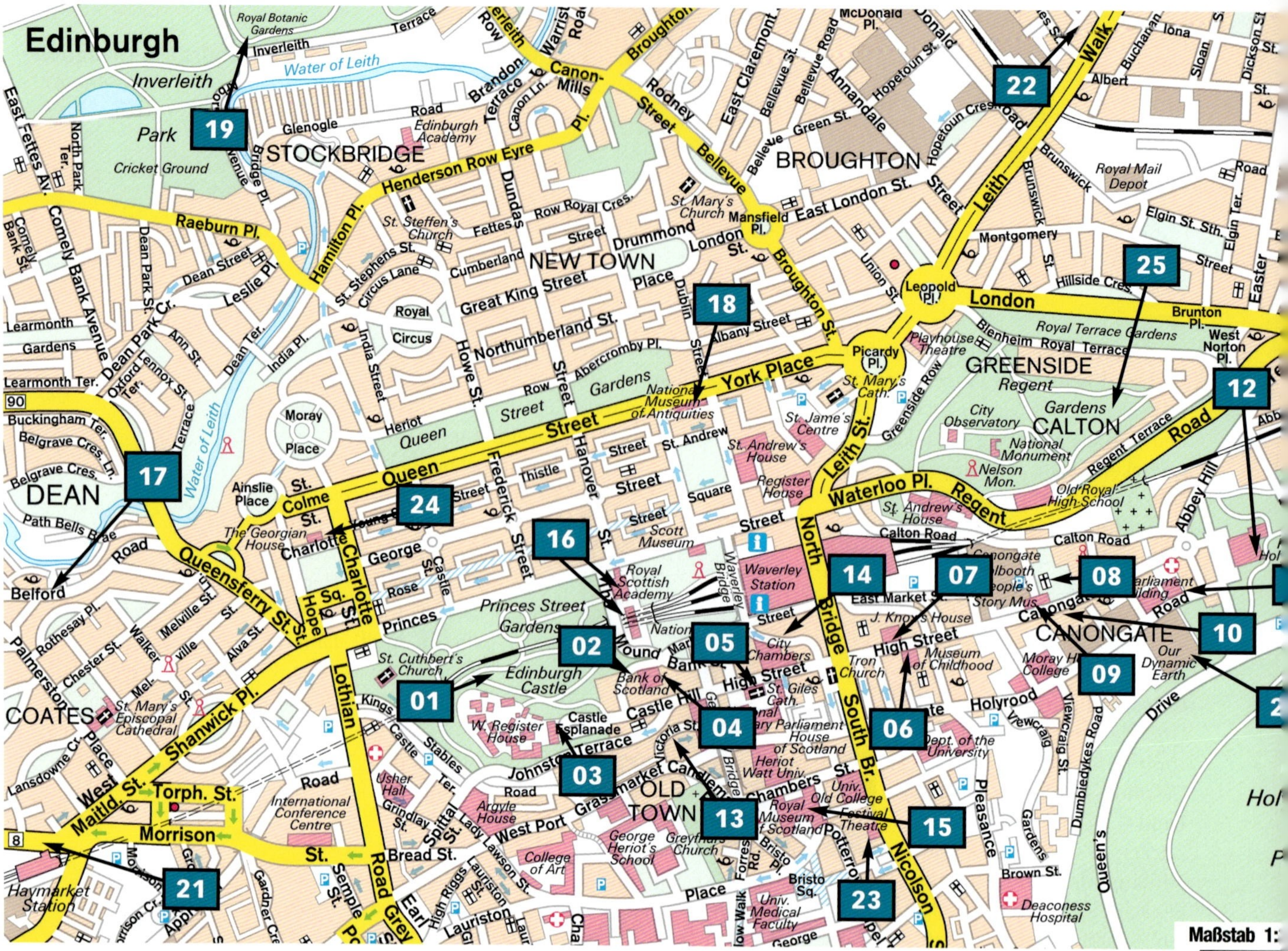
Edinburgh
Inverleith
STOCKBRIDGE
BROUGHTON
NEW TOWN
GREENSIDE
CALTON
DEAN
COATES
OLD TOWN
CANONGATE
Princes Street Gardens
Queen Street
York Place
London Road
Leith Walk
Regent Road
Edinburgh Castle
Waverley Station
Haymarket Station
Maßstab 1:
01
02
03
04
05
06
07
08
09
10
12
13
14
15
16
17
18
19
21
22
23
24
25
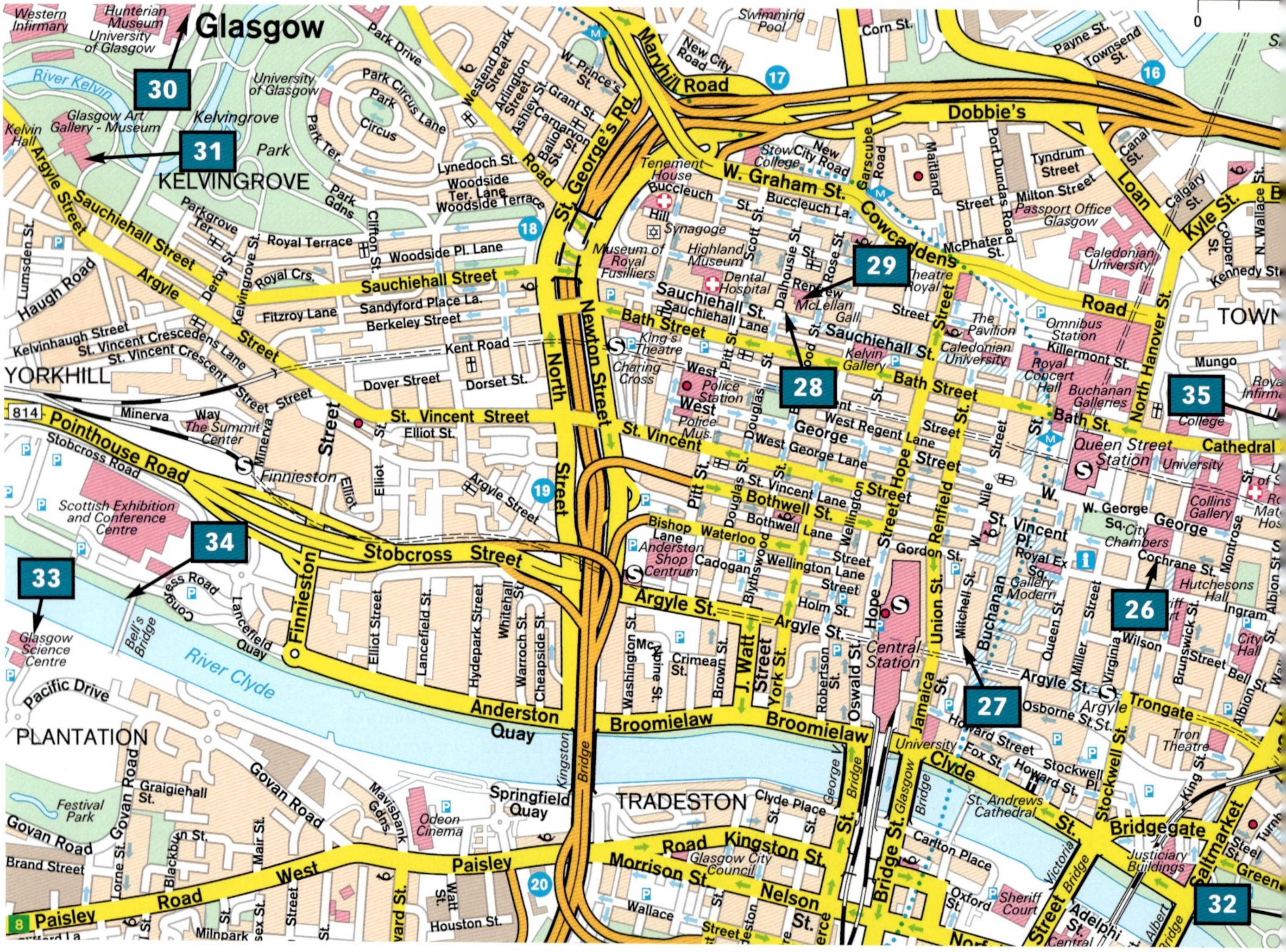
Glasgow
KELVINGROVE
YORKHILL
PLANTATION
TRADESTON
River Kelvin
River Clyde
Sauchiehall Street
St. Vincent Street
Argyle St.
Broomielaw
Central Station
Queen Street Station
Scottish Exhibition and Conference Centre
Glasgow Science Centre
University of Glasgow
Kelvingrove Park
26
27
28
29
30
31
32
33
34
35

Eindrucksvoll zwischen Kultur und Industrie

Beide Städte bieten unvergleichliche Eindrücke: Edinburgh ist Parlamentssitz, unter anderem Festivalmetropole sowie Stadt der Bildung und Kultur. Glasgow, Schottlands größte Stadt, hat eine imposante industrielle Vergangenheit.

Die schottische Hauptstadt Edinburgh ist als Welterbe geschützt.

01 – 25 EDINBURGH

Edinburgh, die Hauptstadt Schottlands (ca. 450 000 Einwohner), ist Sitz des schottischen Parlaments, Stadt des Rechts, der Verwaltung, Festivalmetropole sowie Stadt der Bildung und Kultur. Edinburgh Castle, Nationalmuseum, Nationalgalerie, Botanischer Garten, Zoo und Kriegsmuseum sind in den Top Ten der Besuchergunst von ganz Schottland, Our Dynamic Earth und die königliche Jacht Britannia immerhin in den Top Twenty.

Sehenswert

01 **Edinburgh Castle** – hier liegen die Wurzeln Edinburghs. Die Magdalenenkapelle (1090) ist das älteste Gebäude der Stadt. Im Kriegsmuseum wird der schottischen Gefallenen in kriegerischen Auseinandersetzungen gedacht. Neben Waffen und Rüstungen sind aber auch die schottischen Kronjuwelen im Castle zu bewundern. Dazu hat man einen unvergleichlichen Rundumblick auf die Stadt und ihre Umgebung – samt Hundefriedhof für die Regimentsmaskottchen … (tgl. 9.30–18.00, Nov. bis März nur bis 17.00 Uhr).

Die 02 **Royal Mile** ▶TOPZIEL ist das Rückgrat der Altstadt. Auf etwas mehr als einer Meile finden wir das 03 **Scotch Whisky Heritage Centre** (Mai–Sept. tgl. 9.30–18.30, Okt.–April tgl. 10.00–18.00 Uhr), den vom Stadtplaner und grünen Vordenker Patrick Geddes eingerichteten achteckigen **Outlook Tower** mit Camera Obscura und World of Illusions, der sich nach einer 1,3 Mio. Pfund teuren Erweiterung zum 175-jährigen Juliläum seit 2010 über fünf Stockwerke erstreckt (April–Okt. Mo.–Fr. 9.30–18.00, Sa. u. So. 10.00–18.00, Nov.–März tgl. 10.00–17.00, Juli/Aug. bis 19.00 bzw. 19.30 Uhr), 04 **Gladstone's Land,** ein typisches Kaufmannshaus aus dem Jahr 1620 (April–Okt. Mo.–Sa. 10.00–17.00, So. ab 14.00 Uhr), das 1622 erbaute Writers' Museum in Lady Stair's Close (den Schriftstellern Robert Burns, Sir Walter Scott und Robert Louis Stevenson gewidmet, Mo.–Sa. 10.00–17.00, im Aug. auch So. ab 12.00 Uhr), Deacon Brodie's (als Erfrischungsstation), 05 **St. Giles,** die High Kirk der presbyterianischen schottischen Staatskirche, in der John Knox predigte, mit der Thistle Chapel des „Distelordens" (aus den Jahren 1909 bis 1911, reich an verspielten Holzschnitzereien), das 06 **Museum of Childhood** (Spielzeug von heute und gestern für kleine und große Kinder, Mo.–Sa. 10.00–17.00, Juli/Aug. auch So. 12.00–17.00 Uhr). 2006 renoviert wurde das 07 **John Knox House** (1470), in dem der schottische Reformator 1572 gestorben sein soll (Mo.–Sa. 10.00–18.00, Juli/Aug. auch So. 12.00–18.00 Uhr), zusammen mit dem neuen Scottish Storytelling Centre (in sich ein typischer Edinburgher Dualismus – hie gestrenger Presbyterianismus, da bis in keltische und heidnische Zeiten zurückreichende Traditionen des Geschichtenerzählens, auch in der Architektur ein janusköpfiges Gebäude: von oben das verwinkelte John Knox House, von unten das modernistische Storytelling Centre des 21. Jh.). In der Crichton's Close ist die Scottish Poetry Library zu entdecken sowie kurz vor der 08 **Canongate Church** (und dem dazu gehörigen Friedhof, auf dem Adam Smith begraben liegt) 09 **The People's Story** – ein Museum, das vom Leben der einfachen Leute in Edinburgh erzählt, von sozialen Kämpfen und Bewegungen. Gegenüber vermittelt das 10 **Edinburgh Museum** im Huntly House, einem ehemaligen Stadtpalais, mit viel Silber einen Eindruck davon, wie die oberen 500 in Edinburgh ihr Leben fristeten (beide Museen Mo. bis Sa. 10.00–17.00, im August auch So. ab 12.00 Uhr).

Am Ende der Royal Mile dann der vielleicht größte Kontrast: auf der einen Seite das schottische 11 **Parlament** ▶TOPZIEL (2004) des katalanischen Architekten Enric Miralles – kontrovers ob seiner Formgebung und wegen des Preisschilds von 416 Mio. Pfund (ca. 456 Mio. Euro) – Zeichen der neuen schottischen Demokratie (Nov.–März tgl. 10.15–15.00, April–Okt. Mo.–Fr. 10.15–17.00 Uhr; Touren kostenlos), auf der anderen Seite der Sitz der britischen Monarchie, der 12 **Palace of Holyroodhouse** mit der Queen's Gallery, die Kunstschätze aus dem Besitz des britischen Königshauses zeigt (beide April–Okt. tgl. 9.30–18.00, Nov.–März tgl. 9.30–16.30 Uhr). 13 **Victoria Street** und 14 **Cockburn Street** sind vielleicht die beiden schönsten Straßen Edinburghs. Die Victoria Street führt in schwungvollem Bogen vom Grassmarket zur George IV Bridge, gespickt mit Kuriositätenläden, Restaurants und Pubs (darunter die traditionelle Bow Bar und Ian Mellis' Käseladen mit Käsespezialitäten aus allen Winkeln der britischen Inseln). Die Cockburn Street schwingt sich von der High Street/Royal Mile hinunter zur Waverley Bridge – hier findet man gut sortierte Plattenläden, irre Boutiquen, Tattoo- und Postershops, Pubs und Restaurants.

Nach einem millionenschweren Umbau sind die Infirmary Street Baths im August 2008 als **Dovecot Studios** neu auferstanden – Werkstatt und Ausstellungsräumlichkeiten für die traditionsreichen Wandteppichweber (10 Infirmary Street, nur während Ausstellungen, jeden 1. Di. im Monat 10.30–12.30 Uhr).

Ursprünglich der Botanische Garten der Universität, dient der 19 **Royal Botanic Garden** (Inverleith Row) auch heute noch als wissenschaftlicher Garten, ist aber vor allem eines der beliebtesten Naherholungsgebiete der

> **Tipp**
>
> ### Hier spukt's!
>
> Wenn die Winternebel durch die Straßen wallen, kann man sich gut vorstellen, wie in Edinburgh Gespenstergeschichten zu Ehren gekommen sind. Geistertouren gibt es zuhauf – die beeindruckendsten sind die Tour durch die Mary King's Close (unter den City Chambers in der High Street/Royal Mile: unterirdische Gassen aus dem 16. Jh. mit hohem Spukfaktor) und die „City of the Dead"-Tour (www.realmarykingsclose.com, www.blackhart.uk.com/cotd).

Infos

Jazzig auf Glasgows Buchanan Street

Edinburgher (März–Okt. tgl. 10.00–18.00/19.00, Nov.–Feb. tgl. bis 16.00 Uhr).
Der **21 Edinburgh Zoo,** Schottlands größtes Wildgehege in Corstorphine (auf halbem Weg zum Flughafen, knapp 4 km westl. des Stadtzentrums), beherbergt über 1000 teils seltene Tiere (tgl. ab 9.00, April–Sept. bis 18.00, Okt. u. März bis 17.00, Nov.–Feb. bis 16.30 Uhr).
Am **22 Ocean Terminal** legen die Kreuzfahrtschiffe an, in unmittelbarer Nachbarschaft der Shopping Mall liegt die königliche Jacht **Britannia** vor Anker (Nov.–März tgl. 10.00–16.00, April–Okt. tgl. 9.30–17.00 Uhr).
Das ehemalige Empire Theatre erhielt 1995 ein neues Gesicht – heute ist das **23 Festival Theatre** in der Nicolson Street von außen ein sehenswerter Glaspalast und innen ein viktorianisches Theater mit 1900 Plätzen.
Einblick in ein typisches georgianisches Stadtpalais der Neustadt gibt das **24 Georgian House** (7 Charlotte Square, März u. Nov. tgl. 11.00–15.00, April–Juni und Sept./Okt. tgl. 10.00–17.00, Juli/ Aug. tgl. 10.00–19.00 Uhr).

Museen

Das **15 Royal Museum of Scotland** und das **15 Museum of Scotland** bilden zusammen das National Museum of Scotland. Im Nationalmuseum zeigt „Scotland: A Changing Nation" die Geschichte Schottlands vom Ersten Weltkrieg bis heute. Das ehemalige Royal Museum wird derzeit mit großem Aufwand renoviert (Wiedereröffnung voraussichtl. 2011; beide Chambers Street, tgl. 10.00–17.00 Uhr). In der Atriumhalle des Royal Museum sticht zudem der **Millennium Clock Tower** ins Auge: Um 11.00, 12.00, 14.00 u. 16.00 Uhr setzt sich das kinetische Werk dieser rund 10 m hohen Uhr unter Orgelmusik eindrucksvoll in Bewegung.
Von der Renaissance bis zu den Impressionisten präsentiert die **16 Nationalgalerie** (The Mound) eine imposante Sammlung an Gemälden – besonders beachtenswert ist die Scottish Collection im Untergeschoss. Die benachbarte **16 Royal Scottish Academy,** unterirdisch mit der Nationalgalerie verbunden, präsentiert internationale Ausstellungen.
Die **17 Gallery of Modern Art** (per Shuttlebus von der Nationalgalerie aus kostenlos zu erreichen) zeigt Kunst von den Dadaisten und Surrealisten bis zu Gegenwartskünstlern. Beachtenswert ist hier der Skulpturengarten.
Die **18 Scottish National Portrait Gallery** (Queen Street) zeigt Porträts berühmter Schotten aus Geschichte und Gegenwart (alle Galerien tgl. 10.00–17.00, Do. bis 19.00 Uhr).
20 Our Dynamic Earth (Holyrood Road): Das interaktive Museum in einem zeltartigen Gebäude präsentiert Erdgeschichte zum Anfassen (1726–1797) (April–Okt. tgl. 10.00–17.00, Juli/Aug. tgl. 10.00–18.00, Nov.–März Mi. bis So. 10.00–17.00 Uhr).

Erleben

Fantastische Blicke auf Edinburgh bieten die Hausberge, der **25 Calton Hill** ▸TOPZIEL mit seiner Kuriositätensammlung an Baudenkmälern (u.a. National Monument) und Arthur's Seat (mit der im frühen 19. Jh. angelegten „Radical Road" unterhalb der Salisbury Crags).

Veranstaltungen

Im August herrscht „Festivalitis" in Edinburgh. Im vollgepackten Programm des Kulturfestivals **Fringe** kommt jeder auf seine Kosten. Über die wichtigsten **Festivals** in Edinburgh informiert www.edinburghfestivals.co.uk/.

Information

Edinburgh & Scotland Information Centre, 3 Princes St, GB-Edinburgh EH2 2QP, Tel. 0845/2255121, www.edinburgh.org

26 – 35 GLASGOW

Die Deindustrialisierung vor allem in der zweiten Hälfte des 20. Jh. zwang die Stadt dazu, sich neu zu erfinden. „Europäische Kulturhauptstadt" 1990, „Britische Stadt der Architektur und des Designs" 1999 setzten wichtige Marksteine in diesem Prozess, zu dem auch die Renovierung der Merchant City und architektonische Glanzpunkte wie Science Centre und Armadillo am Clyde River zählen. 2008 wurde Glasgow von der UNESCO der Titel „City of Music" verliehen.

Sehenswert

Im Herzen der Stadt findet man die **26 Glasgow City Chambers** (George Square), das 1888 fertiggestellte Rathaus mit opulenten Marmortreppen (an allen Werktagen zweimal tgl. geführte Touren, 10.30 und 14.30 Uhr).

Museen

Die weltberühmte **Burrell Collection** ist in dem eigens für die Sammlung gebauten Gebäude im Pollock County Park untergebracht. Hier sind ständig mindestens 3000 der rund 8000 Kunstobjekte zu bewundern (Di.–Do. u. Sa. 10.00–17.00, Fr. u. So. 11.00–17.00 Uhr).
Den Grundstock für das älteste öffentliche Museum Schottlands, die **30 Hunterian Museum & Art Gallery** (Universität), schuf bereits im Jahr 1807 die Anatomiesammlung des Wissenschaftlers William Hunter. In der Galerie werden Gemälde von Charles Rennie Macintosh ausgestellt, dessen Haus und Atelier hier teilweise rekonstruiert sind (Mo.–Sa. 9.30–17.00 Uhr).
Als im Juli 2006 nach dreijähriger Modernisierung das **31 Kelvingrove Art Gallery and Museum** ▸TOPZIEL neu eröffnet wurde, feierten es die Kritiker als „ein Museum und eine Kunstgalerie für das 21. Jahrhundert". Eine Galerie ist dem Architekten und Jugendstildesigner Charles Rennie Mackintosh gewidmet, aber die Viktorianer trugen auch ägyptische Kunst zusammen – und für kriegerisch Gesinnte gibt es

Tipp

Art Nouveau Glasgow

Charles Rennie Mackintosh (1868–1928), Architekt und Designer des schottischen Jugendstils, hat der Stadt einen unverkennbaren Stempel aufgedrückt. In dem **27 Lighthouse** (Mitchell Lane), einem Gebäude, das Mackintosh für den Glasgow Herald baute, ist das Schottische Zentrum für Architektur und Design untergebracht – ein Stockwerk wurde dem Werk Charles Rennie Mackintoshs gewidmet. Danach empfiehlt sich ein Abstecher zu den **28 Willow Tearooms** ▸**TOPZIEL,** einem von Mackintosh bis ins kleinste Detail durchkonzipierten Café in der Sauchiehall Street. Untrennbar mit Mackintoshs Leben und Werk verbunden ist die **29 Glasgow School of Art**.

Lighthouse, Mitchell Lane,
Mo., Mi.–Sa. 10.30–17.00, Di. 11.00 bis 17.00, So. 12.00–17.00 Uhr
Willow Tearooms, 167 Renfrew Street
geführte Touren April–Sept. tgl. 10.30, 11.00, 11.30, 13.30, 14.00, 14.30, Okt. bis März Mo.–Sa. 11.00 und 14.00 Uhr

eine „Spitfire" zu bewundern. Eine der Hauptattraktionen ist Salvador Dalís „Christ of St. John of the Cross" (tgl. 10.00/11.00–17.00 Uhr). Der **32** **People's Palace** (Glasgow Green, außerhalb des City-Plans) zeigt die Geschichte Glasgows von 1750 bis in die Gegenwart (Di.–Do. u. Sa. 10.00–17.00, Fr. u. So. ab 11.00 Uhr). Am Ufer des River Clyde lädt das **33** **Glasgow Science Centre** (Pacific Quay) Groß und Klein ein (siehe rechts).
Für junge und jung gebliebene Seebären und Leichtmatrosen bietet sich zudem ein Besuch auf dem **34** **Tall Ship** (ab 2011 beim neuen, von der Architektin Zaha Hadid entworfenen **Riverside Museum** am Glasgow Harbour) an (März–Nov. tgl. 10.00–17.00, Dez.–Feb. tgl. 11.00–16.00 Uhr).
Neben der gotischen **35** **Glasgow Cathedral** (außerhalb des City-Plans) mit dem Grab von St. Mungo zeigt das St. Mungo Museum of Religious Life and Art eine Ausstellung über die Weltreligionen und lädt in einen „meditativen" Garten (10.00/11.00–17.00 Uhr). In unmittelbarer Nachbarschaft liegt Glasgows Stadt der Toten, die Necropolis auf dem Fir Park Hill – so weit das Auge reicht Mausoleen und Beinhäuser der reichen Kaufleute, Reeder und Fabrikanten, dominiert von einer überlebensgroßen Statue des Reformators John Knox.

Veranstaltungen

Der Jahresreigen reicht von der pankeltischen Extravaganza im Januar, **Celtic Connections,** bei der „keltisch" nicht allzu eng ausgelegt wird (www.celticconnections.com), über das **Glasgow Film Festival** im Februar und das **International Comedy Festival** im März. Hinzu kommen das im Zeichen von Indie und Avantgarde stehende **Triptych** im April, das **Americana Festival Big Big Country** im Mai sowie im Juni das **West End Festival** als Glasgows größtes Straßenfest und das **Glasgow International Jazz Festival** (www.jazzfest.co.uk).
Im August dreht sich alles um den Dudelsack: **Piping Live!** ist der Treff der jüngeren Pipe-Derwische wie Finley MacDonald oder Fred Morrison (www.pipingfestival.co.uk), während sich die Traditionalisten bei den **World Pipe Band Championships** ergötzen. Das **Merchant City Festival** im September rückt das aufgemöbelte Quartier hinter den City Chambers ins rechte Licht. **Big Big World** bietet im Oktober Musik aus aller Welt, Schwule und Lesben feiern **Glasgay** im November – und zum Jahresende darf die **Straßenparty zu Hogmanay** (George Square) nicht fehlen.

Information

VisitScotland Glasgow,
11 George Square, GB-Glasgow G2 1DY,
Tel. 0141/2044400, www.seeglasgow.com

DuMont Aktiv

Für kleine Entdecker

Wissenschaft zum Anfassen – vor allem für Kinder. Das bietet das Glasgow Science Centre am Ufer des Clyde. ‚The Big Explorer' zum Beispiel ist ein Frachtschiff, in dem Kinder bis zu acht Jahren den Frachtkran bedienen können, die Kapitänsbrücke betreten, aber auch Pirat spielen und den Safe knacken können, um einen Schatz zu entdecken.

Wer Kinder hat, die sich für Technik und Wissenschaft interessieren, hat mit Sicherheit ein paar Stunden Freude im Glasgow Science Centre, dem futuristisch glänzenden, Titan-verkleideten Komplex, in dem alles in drei Stockwerke hineingepackt ist, was junge Forscher – oder solche, die es werden wollen – faszinieren könnte.

Auch für Prinzessinnen interessant ...

MIT ALLEN FÜNF SINNEN

In der Science Mall warten nicht nur Hunderte von interaktiven Ausstellungsobjekten, hier finden auch immer wieder Workshops für Kinder statt: Wie baue ich einen Heißluftballon? Oder eine Rakete? Oder ein Gesichtsmodell in 3-D? Oder man kann die Wirkung von Luftdruck erleben. Im Cirque de Science laufen die Kinder auf Stelzen. Sie können mit ihren fünf Sinnen experimentieren und die Beobachtungsgabe schulen. In der Illusionsecke fühlen sie Sein und Schein auf den Zahn. Dazu gibt es ein Science Show Theatre mit verblüffenden Vorführungen und ein hochmodernes Planetarium für die angehenden Sterngucker.

Wissenschaft spannend inszeniert

WEITERE INFORMATIONEN

Allgemein: aktuelle Veranstaltungen, Ausstellungen und Aktivitäten unter www.glasgowsciencecentre.org, www.twitter.com/gsc1

... und danach: Neben dem Glasgow Science Centre am Südufer des Clyde und weithin sichtbar steht der 127 Meter hohe Glasgow Tower mit einer Aussichtsplattform auf 105 Meter Höhe – der höchste Turm der Welt, der sich voll um die eigene Achse drehen kann. Nach den Experimenten in der Science Mall hat man sich den Rundblick auf Glasgow verdient.

Idyllen und Innovationen

Hier wurden Schlachten geschlagen, die schottische Aufklärung geboren und die industrielle Revolution eingeläutet – die Lowlands von Schottland sind eine geschichtsträchtige Region. Weit über 80 Prozent aller Schotten leben hier. Als Landschaftsjuwelen locken die Badestrände an der Küste von Ayrshire, das grüne Tal des Clyde, die Pentlands in der Nähe von Edinburgh, die Küste von East Lothian mit ihren Sandstränden und romantischen Burgen und auch die malerischen Fischerdörfer des East Nuik of Fife.

Eine Meisterleistung ist die 1882 bis 1890 entstandene Railway Bridge über den Firth of Forth.

Friedhof von St. Andrews

Stirling Castle am Forth war von großer strategischer Bedeutung und die bevorzugte Residenz der Stuarts. In edlem Kostüm präsentiert sich der „Gardist".

Wie schön sich Haus an Häuschen reiht – Anstruther auf der Halbinsel Fife

Am Clyde und am Firth of Forth standen im 19. Jahrhundert die Wiegen der industriellen Revolution.

Zwischen den Southern Uplands im Süden und den Highlands im Norden erstrecken sich die schottischen Lowlands. Hier bauten die Römer ihren nördlichsten Limes: den Antonine Wall, der sich von Bearsden am Firth of Clyde im Westen mehr als 62 Kilometer bis nach Bo'ness am Firth of Forth erstreckte. Er war mit 19 Kastellen bestückt und diente zwischen den Jahren 142 und 185 n. Chr. als Schutzwall gegen Überfälle aus dem Norden Schottlands.

BRAVEHEART

In den Lowlands fanden die wichtigen historischen Schlachten der Unabhängigkeitskriege statt. Eine davon – den Kampf um die Stirling Bridge, wo William Wallace am 11. September 1297 ein Überraschungscoup gegen die überlegene englische Armee Edwards I. („Hammer of the Scots") gelang – verlegte Mel Gibson in „Braveheart" aufs freie Feld, weil nach seinen Worten eine Brücke problematische Kamerawinkel bescherte und er halt doch eine epische Wildwest-Schlacht haben wollte. Die berühmteste Schlacht fand 1314 auf dem Feld von Bannockburn bei Stirling statt, wo Robert I. the Bruce die englische Armee Edwards II. schlug und damit die schottische Unabhängkeit sichern konnte. Geschichtsträchtig ist auch der zwischen Edinburgh und Stirling gelegene Palast von Linlithgow: Dort kam im Dezember 1542 die unglückliche Maria Stuart zur Welt, die spätere Mary, Queen of Scots, die 1587 auf Geheiß ihrer Rivalin Elisabeth I. im wahrsten Sinn des Wortes ihren Kopf verlor.

SEITEN DES FORTSCHRITTS

Kulturgeschichtlich sind die Lowlands auch deshalb von Interesse, weil sich hier das moderne Schottland entwickelte: Ob Kohlebergbau, Textilfabriken oder Eisen und Stahl – am Clyde und am Firth of Forth standen im 19. Jahrhundert die Wiegen der industriellen Revolution. Dazu gehören schottische Erfinder wie James Watt, der die Dampfmaschine perfektionierte; William Symington, der die ersten dampfgetriebenen Schiffe baute; der Ingenieur und Architekt, Brücken-, Straßen- und Kanalbauer Thomas Telford und der walisische Reformsozialist Robert Owen, der das Textilwerk von David Dale und Richard Arwkright in New Lanark zu einem Modellbetrieb mit Beteiligung der Arbeiter am Produktivvermögen umgestaltete. Die Kehrseite der Medaille: Um die städtischen Slums vom Bevölkerungsdruck zu entlasten, wurden Trabantenstädte und „New Towns" wie East Kilbride, Cumbernauld, Livingstone gebaut – ausufernde,

Auf Culzean Castle bei Ayr ist alles harmonisch durchkomponiert – die Außenarchitektur mit Erkern und Zinnen und Gesimsen ...

... die Innendekoration mit Büsten, ...

... Teppichen und kostbarem Mobiliar.

anonym wirkende Siedlungen für Tausende von Bürgern am unteren Ende der sozialen Hackordnung.

INNOVATIONEN

Noch vor rund 30 Jahren gab es allein in einem Radius von wenigen Kilometern rund um Edinburgh mehr als 50 arbeitende Bergwerke. Heute zeugen nur noch das eine oder andere Museum und ein paar Industriehalden von deren Existenz. Dass die Tradition schottischer Tüftler und Techniker nicht ganz der Vergangenheit angehört, zeigt das Falkirk Wheel: Als Millennium-Projekt wurden die beiden Kanäle, die Edinburgh mit Glasgow verbinden – der Forth & Clyde Canal und der Union Canal, die ursprünglich über 13 Schleusen miteinander verknüpft waren –, wieder schiffbar gemacht und bei Falkirk mit dem ersten Schiffs-Rotationshebekran der Welt ausgestattet, der elf dieser Schleusen ersetzt; ein technologisch-futuristisches Meisterwerk. Und während Rosslyn Chapel dank Da Vinci und Dan Brown die Massen anzieht, zeigt das wissenschaftliche Roslin-Institut, dass Schottland immer noch an vorderster Front mithalten kann, was Wissenschaft und Forschung angeht. Hier wurde 1996 das erste Säugetier geklont: Wenn „Dolly" (1996–2003) nicht gerade „auf Reisen" ist, kann man das legendäre Schaf (in ausgestopftem Zustand) im schottischen Nationalmuseum in Edinburgh bestaunen.

NATURSCHUTZPIONIER

Der im Jahr 1838 geborene John Muir ist heute als Vater der Nationalparks und grüner Naturschützer auf einer kalifornischen Münze verewigt. Sogar einem kleinen Planeten gab man den Namen dieses Auswanderers, der in den USA den Sierra Club gründete und Nationalparks wie Yosemite und Sequoia ins Leben rief. Sein Geburtshaus in der High Street von Dunbar ist heute ein liebevoll gestaltetes Museum zu seinem Leben und Werk.

Vom Bass Rock, auf dem sie nisten, erhielten die Basstölpel ihren Namen (oben u. unten). Auf dem Festland behauptet sich bei North Berwick die Ruine von Tantallon Castle (rechts unten) auf steilem Fels. Westlich davon führt eine Brücke über den Firth of Forth (rechts oben).

AN DER KÜSTE VON AYRSHIRE

In Alloway, südlich von Ayr, wurde 1759 Robert Burns geboren. Die Landschaft von Ayrshire war eine seiner fruchtbarsten Inspirationen. Ayr selbst, im 12. Jahrhundert angelegt, ist die größte Stadt an der Clyde-Küste. Von ihr aus hat man einen großartigen Blick über den Firth hinüber zu den Berggipfeln von Arran und dem von Paul McCartney besungenen Mull of Kintyre im Hintergrund.

Nur eine kurze Fährverbindung entfernt von der Ayrshire-Küste liegen die Inseln Arran, Ailsa Craig, Bute und Cumbrae im für milde Winter sorgenden Golfstrom. Arran gilt als „Schottland en miniature", Ailsa Craig ist ein wichtiges Vogelparadies, Bute macht alljährlich im Mai mit seinem international renommierten Jazzfestival von sich reden, und Cumbrae wird vor allem von Radfahrern geschätzt.

CLYDE VALLEY, EAST LOTHIAN

Der Clyde River entspringt in den Lowther Hills unweit von Wanlockhead, Schottlands höchstgelegenem Dorf. Bei New Lanark stürzt er sich zwischen Felsenklippen in den spektakulären Clyde Falls hinunter. Grüne Wälder, fruchtbare Gärten und Obstplantagen geben dem Clyde Valley über weite Strecken ein idyllisches Antlitz.

Die Küstenregion von East Lothian ist eine Entdeckungsreise wert, Burgruinen laden zum Besuch.

Eine Entdeckungsreise wert ist auch die Küstenregion von East Lothian, östlich von Edinburgh. Eindrucksvolle Burgruinen wie Dirleton und Tantallon laden zum Besuch ein, North Berwick gilt als „schottisches Biarritz". Vor der Küste liegt der Bass Rock, auf dem eine Vogelkolonie zu finden ist und früher ein isoliertes Gefängnis angelegt war.

Dunfermline war einst Hauptstadt von Schottland. Die Grabstätte von Robert the Bruce ist in der Abbey (oben), eine kleine Gartenanlage schmückt das älteste Haus der Stadt (16. Jh., ganz oben). Am Firth of Forth wird gefeiert – Hochzeitsgäste in South Queensferry vor einem Restaurant.

Das gepflegte Culross mit seinen Kopfsteinpflaster-Gässchen und weißen Häusern liegt wie Dunfermline auf der Halbinsel Fife.

KINGDOM OF FIFE

Da es mit Falkland Palace und Dunfermline die gefräßige Schar der königlichen Entourage verpflegen musste, dachten seine Bewohner wohl, es wäre nur recht und billig, ihre Grafschaft „Kingdom of Fife“ zu nennen. Aber vielleicht geht der Name auch auf die Zeit zurück, als Fife ein piktisches Königreich war: Pikten – die „Bemalten“ (lat. picti) – nannten die Römer jene vorkeltischen oder keltischen Stämme nördlich des Antoninuswalls, die seit dem späten 3. Jahrhundert das römische Britannien bedrängten, im 6. Jahrhundert christianisiert wurden, und deren Königreich der Skotenkönig Kenneth I. im 9. Jahrhundert mit seinem Reich vereinte.

Heute hat Fife vor allem mit zwei Konsequenzen des industriellen Niedergangs zu kämpfen: Der Bergbau ist eingestellt, die Fischerei existenziell bedroht. Das bringt soziale Probleme mit sich, aber die (ehemaligen) Fischerdörfer entlang der Küste von Fife – vor allem am äußersten Zipfel, dem East Nuik of Fife – haben nichts von ihrer Attraktivität eingebüßt. So muss der Tourismus heute das Einkommen bringen, das die Nordsee nicht mehr bieten kann. St. Monance, Pittenweem, Anstruther und Crail mit ihren reizvollen Häuserzeilen, die den Hafen umsäumen, mit den windschiefen Fischerkaten und Giebelhäusern, machen einen zeitlosen Eindruck. In Anstruther informiert das Scottish Fisheries Museum über die Geschichte der Fischerei – nur einen Sprung weiter locken Schottlands berühmteste Fish & Chips in die Anstruther Fish Bar.

JUTE, JAM UND JOURNALISMUS

Über die Tay Bridges kommt man von Fife nach Dundee – jene Stadt, die traditionell mit den drei „J“ in Verbindung gebracht wurde: Jute, Jam und Journalism. Jutefabriken und Webereien gehören der Vergangenheit an, Marmelade wird zwar immer noch hergestellt, ist aber heute kein wichtiger Industriezweig mehr. Allerdings gibt es das Zeitungshaus Thompson, die Sunday Post, den Dundee Courier und vor allem die Comics noch – Oor Wullie, Beano und Lord Snooty sowie Desperate Dan, dem man in der Fußgängerzone sogar ein Denkmal gesetzt hat. Heutzutage firmiert Dundee vornehmlich als „City of Discovery“. Denn in dem hiesigen Hafen liegt das bereits im Jahr 1901 in Dundee gebaute Forschungsschiff des Südpolarforschers Robert Falcon Scott – eben die „Discovery“.

MEKKA DER GOLFER

Zwar wurde Golf in Schottland wohl erstmals auf den Leith Links im heutigen Edinburgh gespielt. Der Old Course des 1754 gegründeten Royal and Ancient Golf Club in St. Andrews aber verkörpert für Golfer das, was Wembley in London für Fußballer darstellt: die ultimative Herausforderung. Hier werden seit 1897 die Regeln dieses Sports festgelegt. Dass eine Runde Golf über 18 „Löcher“ geht, hat ebenfalls hier seinen Ursprung: Auf dem Old Course ging es vom Abschlag am Clubhaus über neun Löcher immer schön an der Küste entlang. Da es ziemlich langweilig gewesen wäre, danach einfach tatenlos zum Clubhaus zurückzuschlendern, spielte man die neun Grüns in umgekehrter Richtung bis zum 19. „Loch“ – der Bar im Clubhaus.

Die Fischerdörfer an der Küste haben reizvolle Häuserzeilen.

Schiff ahoi! – Auf Wasserwegen reisen

Mit dem Hausboot auf dem Kanal, mit dem Ausflugsdampfer auf einem der Lochs oder eine Hebriden-Kreuzfahrt vor der Westküste – Schottland hat nicht nur Berge und Burgen zu bieten.

INS GROSSE HEBEWERK

Wer im Urlaub Entspannung sucht, wer es geruhsam mag, könnte kaum eine bessere Wahl treffen, als auf einem Hausboot über einen der vier schottischen Binnenkanäle zu navigieren. Als Freizeitkapitän lässt man die Landschaft an sich vorüberziehen, vergisst, was Stress bedeutet, legt an, wo man will.

Der kürzeste unter Schottlands Kanälen ist der Crinan Canal, einst als Abkürzung gebaut, um Schiffern die Umrundung des Mull of Kintyre zu ersparen. Der nur 8 Meilen lange Kanal führt von Crinan am Sound of Jura über 15 Schleusen nach Ardrishaig am Loch Fyne, quer duch die Kintyre-Halbinsel, gesäumt von den Eichen des Crinan Woods. Im Juli findet das Crinan Canal Water Festival statt. Der Treidelpfad entlang des Kanals ist auch eine hervorragende Kurzwanderstrecke.

Wie Crinan in der Zeit der Industriellen Revolution gebaut, war der Forth & Clyde Canal und auch der Union Canal im späten 20. Jahrhundert zusehends verschlickt. Beide wurden wieder schiffbar gemacht und 2001 neu eröffnet, nun verbunden mit dem spektakulären Falkirk Wheel, einem Rotations-Schiffshebekran.

Gemächlich ziehen die Lowlands vorüber – am Weg laden Orte wie Linlithgow oder auch Kirkintilloch zur Rast ein, wo am letzten Augustwochenende das bunte Kirkintilloch Canal Festival gefeiert wird. Der Edinburgh & Glasgow Union Canal (so der volle

Was für ein Blick vom Caledonian Canal auf den Ben Nevis – vom Wasser aus bieten sich spektakuläre Perspektiven auf Land.

Wenn's kein großes Boot sein muss: Wasserstraßen stehen auch dem Kanu offen. Und wer Glück hat, begegnet Delfinen.

Name) führt vom Falkirk Wheel bis hinein nach Edinburgh – 30 Meilen ohne eine einzige Schleuse, dafür aber über ein paar eindrucksvolle Aquädukte.

Durch dramatischere Landschaft leitet der Caledonian Canal, der die Nordsee mit dem Atlantik verbindet. Gebaut von Thomas Telford, durchquert die Wasserstraße das Great Glen, das große Tal: durch das weltberühmte Loch Ness (Monstersichtung nicht garantiert), weiter durch Loch Oich, Loch Lochy und Loch Linnhe. Dabei geht es auch über Neptuns Treppe, acht Schleusen in dichter Folge. Inverness, Fort Augustus und Fort William werden durch den Kanal verbunden – und er bietet zudem einen grandiosen Blick auf Ben Nevis.

ZU INSELN UND DELFINEN

Von Inverness oder Avoch aus geht die Pirsch auf Delfine, Seehunde und Seeschildkröten – natürlich nur zum Kameraabschuss freigegeben. Und manchmal zeigen sich die Biester auch einfach nicht. Obwohl zumeist auf sie Verlass ist. In jedem Fall ist der Trip hinaus in den Firth of Moray ein Erlebnis.

Ein Trip auf einem der Raddampfer – „SS Waverley" oder „SS Balmoral" – von Glasgow Harbour oder von Greenock aus zur Erkundung der Inneren Hebriden gehört auch heute noch zu den beliebtesten Freizeitvergnügen der Großstädter.

Die Inselwelt von Islay bis Skye hat unter Whiskykennern einen legendären Ruf. Und wer Whisky und Westküste genial verbinden will, kann an der Classic Malts Cruise (eine oder zwei Wochen im Juli) teilnehmen, segeln und genießen. Ceilidhs, Destillerie-Besuche und Whiskyproben säumen den Turn. Los geht's in in der Brennerei von Oban.

Wer wie die Königin reisen möchte, kann eine Hebriden-Kreuzfahrt auf der „Hebridean Princess" buchen, dem Schiff, das Königin Elizabeth und ihre Familie chartern, seit ihre königliche Jacht „Britannia" in Edinburgh als Touristenattraktion festmachte. Sieben Tage royales Insel-Hopping.

INSPIRIERT VON WALTER SCOTT

Als Sir Walter Scott 1810 sein Langgedicht „The Lady of the Lake" veröffentlichte, setzte ein wahrer Besucherstrom ein: alle wollten die bezaubernde Landschaft der Trossachs, wollten Loch Katrine und „Ellens Insel" mit eigenen Augen sehen. Von April bis Oktober dampft die „SS Sir Walter Scott" über den See. Und Loch Lomond – „Queen of the Lochs" – ist schottisches Bilderbuch pur. Die „bonnie, bonnie banks" werden von imposanten Bergen gesäumt, überragt von Ben Lomond.

FAKTEN

Nützliche Internetadressen rund ums Wasser:
Crinan Canal: *www.argyll-yachtcharters.co.uk*
Forth & Clyde und Union Canals: *www.alvechurch.com/*
Linlithgow Union Canal Centre: *www.lucs.org.uk/*
Caledonian Canal: *www.caleycruisers.com*
Cruise Loch Ness: *www.cruiselochness.com*
West Highland Sailing: *www.westhighlandsailing.com*
Moray Firth: *www.dolphintripsavoch.co.uk*
Inverness Dolphin Cruises: *www.inverness-dolphin-cruises.co.uk*
Waverley Excursions Ltd: *www.waverleyexcursions.co.uk*
Hebridean Island Cruise: *www.hebridean.co.uk*
Classic Malts Cruise: *www.worldcruising.com*
Loch Katrine: *www.lochkatrine.com*
Loch Lomond: *www.cruiselochlomondltd.com*

Maßstab 1:950.000

Wiege der Moderne im Tiefland

Die Central Lowlands öffnen sich zwischen den beiden weit ins Land reichenden Mündungstrichtern des Firth of Clyde und des Firth of Forth im Osten zum Meer hin. Hier findet man einige der schönsten Schlösser des Landes, bedeutende Städte und – auf der Halbinsel „The Kingdom of Fife" – den berühmtesten Golfplatz der Welt.

01 AYR

67 km südwestlich von Glasgow gelegen, gilt Ayr als „das Juwel in der Krone von Süd-Ayrshire". Golf, Pferderennen, schöne Strände, historische Architektur und eine einladende Einkaufsstruktur sowie die Verbindung mit Robert Burns ziehen Besucher an.

Sehenswert

Am Bahnhof steht ein **Denkmal von Robert Burns. Loudon Hall** im Boat Vennel ist eines der ältesten Gebäude von Ayr, im späten 15. Jh. für den Weinhändler James Tait gebaut. Der neugotische, fast 40 m hohe **Wallace Tower** stammt aus dem Jahr 1834.

Aktivitäten

Auf dem **Ayr Racecourse** werden u.a. das Scottish Grand National (April) ausgetragen. **Golf** hat hier Tradition: Im nahen Royal Troon Golf Course wurden 1893 erstmals die Scottish Open ausgetragen. Turnberry Ailsa (südl.) wurde von Golf Course schon zwei Mal zum besten Golfplatz Großbritanniens gewählt.

Veranstaltung

Ende Mai wird in Ayr, Alloway und vor der Kulisse von Culzean Castle das **Burns an' a' That Festival** zu Ehren Robert Burns' gefeiert (www.burnsfestival.com).

Umgebung

Fast alles in der Grafschaft Ayrshire dreht sich um Robert Burns. Hier beginnt der **Burns Heritage Trail**. In **Alloway,** 3 km südl., wurde er geboren. Das Robert Burns Cottage dort ist ein Museum; u.a. Schriften von Burns sind auch im Land o'Burns Centre ausgestellt und 2010 eröffnete das Robert Burns Birthplace Museum.

Information

Ayr Tourist Information Centre,
22 Sandgate, GB-Ayr KA7 IBW,
www.ayrshire-arran.com

Tipp

Gewaltige Technik

Das **Falkirk Wheel**, der weltweit erste und einzige Rotationshebekran für Boote, verbindet den Union mit dem Forth & Clyde Canal. Maximal acht Boote können damit angehoben werden – ein leuchtendes Beispiel schottischer Ingenieurskunst des 21. Jh. Unweit davon kann man Überreste des Antonine Wall erwandern – zurück aus der Zukunft in die (römische) Vergangenheit.

April–Okt. tgl. 9.00–18.30, Nov.–März tgl. 10.00–17.00 Uhr, www.falkirkwheel.com

02 STIRLING

Stirling (rund 45 000 Einw.) liegt in der geografischen Mitte zwischen Ost- und Westküste und war als Tor zu den Highlands lange Zeit ein strategisch wichtiger Punkt.

Sehenswert

Das **Stirling Castle** prunkt mit der prachtvoll renovierten mittelalterlichen Great Hall (1503). Im Besucherzentrum auf der Esplanade werden 1000 Jahre Stadtgeschichte lebendig (Nov.–März tgl. 9.30–17.00, April–Okt. tgl. 9.30 bis 18.00 Uhr). In der gotischen **Church of the Holy Rude** (Heiligkreuzkirche) wurde 1542 Maria Stuart gekrönt (Mai–Sept. tgl. 10.00–17.00 Uhr). In der Dumbarton Road finden wir die 1874 gegründete **Smith Art Gallery and Museum,** die eine bemerkenswerte Kollektion schottischer Maler sowie Ausstellungsstücke aus der reichen Stadtgeschichte präsentiert (Di.–Sa. 10.30–17.00, So. 14.00–17.00 Uhr). Im **Bannockburn Heritage Centre** an der Glasgow Road erfährt man Wisssenswertes über die entscheidende Schlacht von 1314 gegen die Engländer (März–Okt. tgl. 10.00–17.30 Uhr).

Umgebung

Callander (ca. 18 km nordwestl.) ist der ideale Ausgangspunkt für Streifzüge durch den Nationalpark **Loch Lomond & the Trossachs** ▶**TOPZIEL**. Mitten in Callander ist das Rob Roy Tourist Information Centre untergebracht. Es bietet eine audiovisuelle Ausstellung über Robert „Rob Roy" MacGregor (1671–1734) – Clan Chief, Viehhändler, Outlaw, der später von Sir Walter Scott literarisch zum schottischen Nationalhelden geadelt wurde (März–Mai und Okt.–Dez. tgl. 10.00–17.00, Juni und Sept. tgl. 9.30–18.00, Juli/Aug. tgl. 9.30–22.00, Jan./Feb. nur Sa./So.).

Information

Stirling Tourist Information Centre,
41 Dumbarton Road, GB-Stirling FK8 2QQ,
www.stirling.co.uk
Tourist Information Callander (Rob Roy and Trossachs Visitor Centre), 10 Ancaster Square, GB-Callander FK17 8ED, www.incallander.co.uk

03 DUNFERMLINE

Im 11. Jh. wurde es Hauptstadt Schottlands. Hier liegt Robert the Bruce begraben, Andrew Carnegie (1835–1919) wurde hier geboren.

Sehenswert

Die von der frommen Königin Margaret im 11. Jh. gegründete Priorei wurde von ihrem Sohn David I. im Jahr 1128 zu einem **Benediktinerkloster** erhoben. Mehrere Schottenkönige fanden hier ihre letzte Ruhestätte. Der benachbarte Pittencrieff Park ist nur ein Beispiel des großzügigen Erbes von Andrew Carnegie – Dunfermline hat darüber hinaus eine **Carnegie Hall,** eine **Carnegie-Klinik,** eine **Carnegie-Bibliothek** und ein **Carnegie-Freizeitzentrum.**

Museum

In der Moodie Street kann man sich im **Carnegie Birthplace Museum** über das Leben des Stahlmagnaten und Mäzens informieren (April bis Okt. Mo.–Sa. 11.00–17.00, So. ab 14.00 Uhr).

Aktivität

Von April bis Sept. startet jeden ersten So. im Monat am Abbot House (Maygate) um 14.00 Uhr ein anderthalbstündiger geführter **Heritage Walk** – kostenlos!

Umgebung

Die **Forth Railway Bridge,** die Edinburgh mit Fife verbindet, ist mit ihren mächtigen Stahlrhomben eine Ikone für schottische Ingenieurskunst.

Information

Dunfermline Tourist Information Centre,
1 High Street, GB-Dunfermline KY12 7DL,
www.dunfermline.info

Museumsschiff in Dundee

04 NORTH BERWICK

Der Badeort an der Küste von East Lothian, 40 km östlich von Edinburgh, wird wegen seines geschützten Hafens, seines Sandstrands und seiner Promenade oft das „Biarritz Schottlands" genannt. North Berwick ist ein Zentrum für Golf, Segeln und Angeln.

Sehenswert

Das **Scottish Sea Bird Centre** im Hafen ist eine preisgekrönte, gemeinnützige Touristenattraktion (April–Okt. tgl. 10.00–18.00, Nov. bis Jan. Mo.–Fr. 10.00–16.00, Sa./So. 10.00–17.30, Feb.–März Mo.–Fr. 10.00–17.00, Sa./So. 10.00 bis 17.30 Uhr). Tipp: Von Edinburgh aus gibt es bei First ScotRail ein sehr günstiges kombiniertes Bahn- und Sea Bird Centre-Ticket!
Ein Spaziergang auf den **Berwick Law,** einen etwa 200 m hohen vulkanischen Hügel direkt vor der Stadt, erlaubt einen grandiosen Überblick über North Berwick und den Bass Rock, der etwa 2 km vor der Küste 107 m hoch aus dem Meer ragt. Wenn es das Wetter erlaubt, kann man vom Hafen in North Berwick per Schiff zu diesem Vogelfelsen hinüberfahren.

Umgebung

5 km östlich klammert sich die Ruine von **Tantallon Castle** höchst fotogen an ihre Felsenklippe (April–Sept. Mo.–Sa. 9.30–18.30, So. 14.00–18.30, Okt.–März Mo.–Sa. 9.30–16.30, So. 14.00–16.30 Uhr). In **Dunbar,** knapp 22 km südöstl. von North Berwick, steht in der High Street 126 das Geburtshaus des Naturschutzpioniers John Muir (April–Okt. Mo.–Sa. 10.00 bis 17.00, So. 13.00–17.00, Nov.–März Mi. bis Sa. 10.00–17.00, So. 14.00–17.00 Uhr).

Information

North Berwick Tourist Information Centre, Quality Street, GB-North Berwick EH39 4HJ, www.northberwick.uk.com

05 ST. ANDREWS

Das rund 15 000 Einw. zählende Städtchen in Nord-Fife ist die älteste Universitätsstadt Schottlands. Doch ihr Weltruf gründet sich auf den schottischen Volkssport Golf. Im 4. Jh. sollen die Gebeine des hl. Andreas, des schottischen Schutzpatrons und Namensgebers der Stadt, angelandet worden sein.

Sehenswert

sind natürlich der legendäre **Old Course** ▶**TOPZIEL** des Golfclubs von St. Andrews und das **British Golf Museum** (März–Okt. Mo.–Sa. 9.30–17.30, So. 10.00–17.00, Nov.–Feb. tgl. 10.00–16.00 Uhr). Besonders beliebt im **St. Andrews Aquarium** in unmittelbarer Nachbarschaft ist der offene Pool für Seehunde (Mo. bis Fr. 10.00–17.00, Sa./So. 10.00–18.00 Uhr). Die zwischen dem 12. und 14. Jh. erbaute **Kathedrale** war einst das größte Gotteshaus in Schottland (April–Sept. tgl. 9.30–18.30, Okt. bis März tgl. 9.30–16.30 Uhr).

Museen

Näheres zur Lokalgeschichte erfährt der Besucher im **Preservation Trust Museum,** das in der North Street in einem Fischerhäuschen aus dem 16. Jh. untergebracht ist (bei Ausstellungen tgl. 14.00–17.00 Uhr, sonst nur nach Vereinbarung, Tel. 01334/477629). Das **St. Andrews Museum** im Kinburn Castle in Kinburn Park zeigt ein Kaleidoskop der Stadtgeschichte (April–Sept. tgl. 10.00–17.00, Okt.–März Mo. bis Fr. 10.30–16.00, Sa./So. 12.30–17.00 Uhr).

Veranstaltung

Die **St. Andrews Week** Ende November ist der Höhepunkt im hiesigen Festkalender. Arts Festival, Food Festival, Ausstellungen, Konzerte und Filmfestival stehen auf dem Programm (www.standrewsweek.co.uk).

Information

St. Andrews Tourist Information Centre, 70 Market Street, GB-St. Andrews KY16 9NU, www.standrews.co.uk

06 DUNDEE

Dundee am Firth of Tay und am Fuß der Sidlaw Hills ist mit 175 000 Einwohnern die viertgrößte Stadt Schottlands.

Sehenswert

Das Besucherzentrum **Discovery Point** erzählt die Geschichte des 1901 hier gebauten Royal Research Ship Discovery. Die in Dundee 1824 gebaute Fregatte **HMS Unicorn** liegt ebenfalls als Museumsschiff im Hafen (April–Okt. Mo. bis Sa. 10.00–18.00, So. 11.00–18.00, Nov.–März Mo.–Sa. 10.00–17.00, So. 11.00–17.00 Uhr). Der 47 m hohe **St. Mary's Tower** am Nethergate (auch als „The Old Steeple" bekannt) wurde 1480 fertiggestellt (April–Sept. Mo.–Sa. 10.00 bis 17.00, So. 12.00–16.00, Okt.–März Mo. bis Sa. 11.00–16.00, So. 12.00–16.00 Uhr). Die **Verdant Works** (West Henderson's Wynd), ein Fabrikgebäude von 1833, dokumentieren die Blütezeit der Jute- und Textilindustrie in Dundee (Nov.–März Mi.–Sa. 10.30–16.30, So. 11.00 bis 16.30, April–Okt. Mo.–Sa. 10.00–18.00, So. 11.00–18.00 Uhr).

Museen

Das von Richard Murphy entworfene **Dundee Contemporary Arts Centre** (152 Nethergate) bietet auch Kinos und Café (Galerien Di.–Sa. 10.30–17.30, So. 12.00–17.30, Do. bis 20.30 Uhr). Im 1867 in viktorianisch-gotischem Stil errichteten Gebäude am Albert Square zeigen die **McManus Galleries** eine Sammlung europäischer und schottischer Malerei aus dem 19. und 20. Jh. Das **Broughty Ferry Museum** in Broughty Castle (1496) zeigt Lokalgeschichte, Naturgeschichte und die Geschichte der Dundee Whalers (Mo.–Sa. 10.00–16.00, So. 12.30 bis 16.00 Uhr, Okt.– März Mo. geschl.).

Aktivitäten

Dundee Rep am Tay Square ist laut „Scotsman" das „aufregendste ..., interessanteste – vielleicht das beste Theater Schottlands" (www.dundeereptheatre.co.uk). Das **Dundee Festival** findet im Juli statt (www. dundeefestival.co.uk/).

Umgebung

In der Abbey von **Arbroath,** knapp 28 km nordöstl. von Dundee gelegen, unterzeichneten die Bischöfe und Noblen Schottlands 1320 ihren Brief an den Papst („Declaration of Arbroath") mit der Forderung nach Anerkennung von Robert the Bruce als legitimen schottischen Kö-

Scone Palace war Krönungsort

nig (April–Sept. tgl. 9.30–18.30, Okt.–März tgl. 9.30–18.30 Uhr). Das Bell Rock Lighthouse und der Signal Tower (1813) im Süden wurden von Robert Stevenson, dem Vater des Schatzinsel-Autors, gebaut.
Glamis Castle, bei Forfar (ca. 20 km nördlich von Dundee), ist eines der eindrucksvollsten Schlösser in ganz Schottland. Hier wuchs die Mutter von Königin Elisabeth II. auf. Shakespeare nach soll hier Macbeth den König Duncan erdolcht haben (März–Dez. 11.00–17.00 Uhr).

Information
Dundee Tourist Information Centre, 21 Castle Street, GB-Dundee DD1 3AA, www.angusanddundee.co.uk

07 PERTH

Die „Fair City" kann auf eine turbulente, achthundertjährige Geschichte zurückblicken. Einst Königssitz und bis ins 15. Jh. Hauptstadt Schottlands, fand hier 1396 die „Battle of the Clans" statt und wütete die Reformation unter John Knox mit der Zerstörung des Kirchenaltars im Jahr 1559. Perthshire bietet Lachsfischern heute fabelhafte Fanggründe im River Tay (www.anglingintayside.co.uk).

Sehenswert
In der **Pfarrkirche St. John**, deren Grundstein im 12. Jh. gelegt wurde, predigte John Knox während der Reformation im Mai 1559 gegen „Idolatry", worauf ein wahrer Bildersturm in Schottland einsetzte.

Museum
Das **Black Watch Museum** im Balhousie Castle in der Hay Street zeigt die Verbundenheit des Eliteregiments mit Perthshire (Mai bis Sept. Mo.–Fr. 10.00–16.30, Okt.–April Mo. bis Fr. 10.00–15.30 Uhr).

Aktivitäten
Perth ist die **„Adventure-Hauptstadt"** Schottlands, das Angebot ist enorm – Wandern, Radfahren, Angeln, Golf und vieles andere mehr (www.perthshire.co.uk).

Umgebung
Im **Scone Palace**, etwa 3 km nördlich von Perth, wurden von Kenneth MacAlpin im 9. Jh. bis zur Union of Crowns (1603) die schottischen Könige gekrönt (tgl. 9.30–17.30 Uhr).

Information
Perth Tourist Information Centre, Lower City Mills, West Mill Street, GB-Perth PH1 5QP, www.perthshire.co.uk

Auf Zeitreise gehen

In New Lanark nimmt uns der Geist von Annie McLeod, einem „mill girl", bei der Hand und erzählt uns vom Leben anno 1820 in der von Robert Owen geführten Baumwollspinnerei. Und dank moderner Technologie spricht der Geist auch Deutsch.

Hier im lauschigen Tal des Clyde, gut 2 Kilometer von Lanark entfernt, gründete David Dale 1786 eine Baumwollspinnerei, die die Wasserkraft des Flusses nutzte. Unter der Führung seines Schwiegersohns und Sozialreformers Robert Owen wurde New Lanark ein florierendes Unternehmen und Beispiel einer sozialistischen Utopie: mit komfortablen Behausungen und Gesundheitsvorsorge für die Arbeiter, einer Schule und der ersten Kinderschule in ganz Großbritannien.

New Lanark Mill Hotel

Nahe der Anlage rauschen Wasserfälle.

DER UTOPIE AUF DER SPUR
Den Geist von New Lanark wird der Besucher spüren, der der magisch auftauchenden Annie folgt. Er wird sich in einem Schulzimmer eifrige Schüler vorstellen können, in der Show der Interactive Gallery werden seine Sinne angesprochen. So lassen sich die Ansätze Owens bezüglich der Erziehung nachvollziehen. Displays vermitteln in Bildern das Einst und Jetzt der Anlage – und natürlich sind Produkte der Spinnerei nach dem erhellenden Rundgang auch im Shop zu erwerben.

WEITERE INFORMATIONEN

Alle Infos bei: *www.newlanark.org*

Historie: Einst wohnten und arbeiteten bis zu 2500 Menschen in New Lanark. Die Spinnerei wurde 1968 geschlossen und erst ab 1983 Zug um Zug renoviert und unter der Regie des New Lanark Conservation Trust als Touristenattraktion ausgebaut. Heute ist New Lanark UNESCO-Weltkulturerbe.

Abstecher: Reservat der Falls of Clyde – mit 3 Wasserfällen: Dundaff Linn, Corra Linn Bonnington Linn (max. 30–40 Min. Fußweg).

Mit Kilt und Karo

Obwohl die Highlands mehr als die Hälfte der schottischen Landmasse ausmachen, wohnt hier weniger als ein Zehntel der schottischen Gesamtbevölkerung von rund fünf Millionen Menschen. Wasser, Wind und eiszeitliche Gletscher haben diese Landschaft geformt. Die fast menschenleere Szenerie aber, die heute Besucher so fasziniert, ist ein Erbe der Highland Clearances im 18./19. Jahrhundert, bei denen das Hochland im Rahmen der flächendeckenden Einführung der Schafzucht „geräumt", die Landbevölkerung vertrieben wurde.

Eilean Donan Castle, Schauplatz des Films „Highlander", liegt äußerst romantisch auf seinem Inselchen im Westen Schottlands.

Im Hafen von Ullapool gilt das Hauptaugenmerk dem Fischfang.

Loch Leven, nahe der Ostküste gelegen, ist von grandioser Landschaft umgeben.

Per Viadukt überwindet der Zug ein Tal im schottischen Hochland – eine andere Art des Reisens.

Das Hafenstädtchen Oban ist auch ein beliebter Ferienort.

„Where me and my true love will never meet again / on the bonnie, bonnie banks of Loch Lomond."

Aus dem Songtext zu Loch Lomond

Bis ins 18. Jahrhundert standen die Highlands im Ruf, wild, unzivilisiert, rebellisch und gefährlich zu sein. Erst nachdem die Macht der hiesigen Clanchiefs gebrochen wurde, konnte die Romantik sich dieser Region annehmen. Offiziell war das Clansystem, unter dem die Highlander jahrhundertelang gelebt hatten, zwar schon nach der Vereinigung mit England im Jahr 1707 aufgelöst worden; in der Praxis erfolgte aber erst nach der Niederlage von Culloden 1746 eine groß angelegte Enteignung der gälischen Clanchiefs, die sich gegen das Königshaus gestellt hatten.

THE LADY OF THE LAKE

Den neuen feudalen Großgrundbesitzern standen die alten kleinbäuerlichen Kooperativen („crofts") des Clansystems nur im Weg: Insgesamt wurden deshalb fast zwei Drittel der in den Highlands ansässigen Bevölkerung „umgesiedelt" – oft unter Zwang und Gewaltanwendung. Und spätestens seit Sir Walter Scott sind die Highlands nicht mehr wild, sondern wild und romantisch zugleich. Als Scott 1810 seine Ballade „The Lady of the Lake" veröffentlichte, musste bald darauf eine Straße ans Seeufer von Loch Katrine gebaut werden, um dem Massenandrang Herr zu werden: Alle wollten die verzaubernde Schönheit des in dem Gedicht beschriebenen Sees und seiner Insel („Ellen's Isle") sehen. Acht Jahre später lieferte Scott mit „Rob Roy" ein Musterbeispiel dafür, wie man Geschichte romantisiert: Aus dem titelgebenden Highland-Outlaw machte er einen „noblen Wilden", einen schottischen Robin Hood.

SYMBOLISCHES MUSTER

Im Jahr 1822, als George IV. zum ersten königlichen Besuch seit 200 Jahren nach Edinburgh kam, wurde die Verwandlung komplett. Walter Scott, der Zeremonienmeister dieses Ereignisses, kleidete die Hauptstadt (und den korpulenten König) in Tartan, und damit avancierte das Karotuch der Highlander zum Symbol für ganz Schottland. Dabei war es einst bei Todesstrafe untersagt gewesen, den Kilt zu tragen und den Dudelsack zu spielen. Nun aber adoptierten die Schotten das Image der Highlands und viele seiner Symbole als genuin schottisch. Königin Victoria und Prinz Albert machten Balmoral zu ihrer Sommerresidenz und übernahmen die Schirmherrschaft für die Highland Games von Braemar.

THE ROAD(S) TO THE ISLES

Die A87, eine der landschaftlich reizvollsten Panoramastraßen der Welt,

Bis in die Zehenspitzen in traditioneller Kleidung – ob beim Tanzwettbewerb der Highland Games ...

... oder anderen Disziplinen wie Baumstamm-Sägen.

führt von Invergarry am Caledonian Canal durch das an Romantik nur schwer zu überbietende Tal von Glen Shiel, vorbei an den imposanten „Fünf Schwestern von Kintail", den steinzeitlichen Brochs von Glenelg und der wohl meistfotografierten Burg Schottlands, dem Eilean Donan Castle am Loch Alsh. Von dort führt die Straße weiter bis nach Kyle of Lochalsh und zur – inzwischen wegzollfreien – Brücke hinüber nach Skye. Von ähnlich beeindruckender Schönheit ist der andere Zweig der „Road to the Isles", die A830, die von Fort William über Glenfinnan durch Arisaig nach Mallaig führt, von wo aus

… ob beim „Throwing the hammer", dem Hammerwurf …

Am Ende werden die kilttragenden Sieger und Siegerinnen gekürt.

Special HIGHLAND GAMES

Unter den Augen der Queen

Seit dem 19. Jahrhundert feiern die Highland Games oder Highland Gatherings wieder fröhliche Urständ. Die Wurzeln dieses farbenprächtig-kakophonischen Spektakels reichen bis zu jenen Wettbewerben zurück, in denen die Clanchefs ihre besten Läufer und Kämpfer ausspähten.

In moderner Zeit erstmals im Jahr 1832 in Braemar durchgeführt, erfreuen sich die dortigen Spiele seit 1848 der Patronage durch das Königshaus; meist ist die Königin auch höchstpersönlich zu Gast. Mehr als 30 Disziplinen gehören zu den Highland Games. Unter anderem werden dabei Baumstämme um ihre Achse geworfen, Steine gewuchtet, Hämmer geschleudert; außerdem misst man sich im Schwertertanz, im Tauziehen und im Dudelsackspiel – zwischen Mai und September bei weit über 100 Gelegenheiten.

Aviemore mit zahlreichen Hotels und B&Bs ist guter Ausgangspunkt, will man den Cairngorms Nationalpark erkunden.

Die Whisky-Destillerie Glenfiddich ist am Malt Whisky Trail in Dufftown angesiedelt. Lange Jahre lagert in Holzfässern, was in den großen Kupferkesseln seinen Anfang nahm – und kommt schließlich als Single Malt Scotch Whisky in Flasche und Glas.

Am Bahnhof von Aviemore startet auch ein nostalgischer Zug, der Dampfzug der Strathspey Railway.

Fähren nach Skye, Rum, Canna und Eigg ablegen.

Wer lieber mit dem Zug fährt: Der West Highway Railway führt von Glasgow über das Rannoch Moor nach Mallaig und wird auch „Harry-Potter-Linie" genannt, weil am Glenfinnan-Viadukt einige der Szenen des Hogwarts-Express gefilmt wurden. In Crianlarich teilt sich die West Highland Line. Die eine Strecke führt über Fort William nach Mallaig (im Sommer auch mit der „Jacobite"-Dampflok), die südlichere über Loch Awe und Taynuilt nach Oban, dem „Tor zu den Hebriden".

FEUDALRECHT VON DAUER

Während die Lowlands in der zweiten Hälfte des 18. und im 19. Jahrhundert eine rasante wirtschaftliche Entwicklung erlebten, fielen die Highlands ökonomisch zurück und entwickelten sich zur Problemregion. Da half auch der Bau des Caledonian Canal nichts, den der Staringenieur Thomas Telford 1803 in Angriff nahm und der den Fischern und Handelsschiffern die gefährliche Fahrt durch den Pentland Firth ersparen sollte. Heute wird er zumeist von Freizeitkapitänen genutzt und ist eine der idyllischsten Wasserstraßen der Welt. Die ungleiche Verteilung von Grund und Boden (etwa die Hälfte des in Privatbesitz befindlichen Landes gehört weniger als 350 Großgrundbesitzern) und die Tatsache, dass viele Großgrundbesitzer als „absentees" weitab von ihren Ländereien lebten und an der Verbesserung des bewirtschaftbaren Landes nicht interessiert waren, sind nicht die einzige Ursache der wirtschaftlichen Schwäche dieser Region, aber bis heute ein prägendes Merkmal der Highlands. Bis ins 21. Jahrhundert überlebte hier das Feudalrecht – erst das neu gewählte schottische Parlament nahm zwischen 1999 und 2003 eine groß angelegte, radikale Bodenreform in Angriff. Das feudale Bodenrecht wurde abgeschafft, das kommunale Erstkaufsrecht eingeführt.

Die Cairngorms mit ihrer alpinen Vegetation sind Schottlands attraktivstes Wandergebiet.

VOM SKI- ZUM WANDERGEBIET

Lobeshymnen reisender Dichter und Denker sangen schon früh das Hohelied dieser bezaubernden Landschaft. Zwei Nationalparks wurden ins Leben gerufen: Loch Lomond & Trossachs und die Cairngorm Mountains. Zwischen Strathspey und Braemar erstreckt sich auf über 3800 Quadratkilometer das Granitmassiv der Cairngorms in den Grampian Highlands mit 50 über 1000 Meter hohen Gipfeln. In der alpinen Vegetation leben der arktische Hase, rote Eichhörnchen und die einzige britische Rentierherde. Diese höchste, wildeste, kälteste, schneereichste und vielleicht dramatischste Landschaft Großbritanniens, Schottlands attraktivstes Wander-, Kletter- und Skigebiet, ist auch die erste, deren Ökosystem unter den Auswirkungen des „Global Warming" leidet: mehr Regen als Schnee, früher einsetzender Frühling, längere und trockenere Sommer. Die Schneedecke ist in den letzten Jahren bereits um ein Drittel zurückgegangen. Das ehemalige Cairngorm Ski Centre bei Aviemore heißt jetzt Cairngorm Mountain Ltd. und signalisiert so auch den Wandel vom Wintersport zu Ganzjahresaktivi-

Hat man die kurvenreiche Straße überwunden, lässt es sich idyllisch bei Applecross an der Westküste campen.

Sie lassen sich von ein paar Touristen nicht aus der Ruhe bringen: weder die Highland Cows ...

... noch die beinahe allgegenwärtigen Schafe.

Eine Häuserzeile am Wasser – Crovie, das Fischerdorf am North East Coastal Trail.

täten. Schwieriger ist der Wandel für Tiere und Pflanzen.

GLENCOE – TAL DER TRÄNEN

Nachdem die „glorreiche Revolution" des britischen Parlaments 1688 Jakob II. durch Wilhelm von Oranien ersetzt hatte, begann die Periode der jakobitischen Rebellionen, die die schottische, katholische Stuart-Linie zurück auf den Thron bringen wollte. Dabei kam es 1692 vor der dramatischen Kulisse von Glencoe zu einer blutigen Episode: Durch eine Verkettung widriger Umstände versäumten die MacDonalds von Glencoe den Termin für den verlangten Treueeid auf den König zu Jahresanfang. Im Februar gewährten sie einer Abordnung der Campbells von Glenlyon Gastfreundschaft. Doch im Morgengrauen des 13. Februar fielen die Gäste über ihre Gastgeber her: auf Befehl der Regierung. Zwar konnte die Mehrheit der MacDonalds in die schneebedeckten Berge entkommen, aber der Clanchief und 37 seiner Gefolgsleute fielen dem Massaker im „Tal der Tränen" zum Opfer.

BLICK IN DIE ZUKUNFT

Wasser und Wind sind Rohstoffe, über die die Highlands in Hülle und Fülle verfügen. Das lässt hoffen – auch mit Blick auf die im Kyoto-Abkommen vereinbarten Senkungen des Kohlenstoffdioxid-Ausstoßes in Schottland wie im Vereinigten Königreich: Obwohl die Highlands (& Islands) zu den ärmsten Regionen des Vereinigten Königreichs gehören und bis 2013 EU-Regionalhilfen in Höhe von insgesamt 106 Mio. Pfund bekommen sollen, haben sich die Vorzeichen in den letzten Jahren gebessert. Die Bevölkerungszahl ist überdurchschnittlich gewachsen, das Lohnniveau gestiegen, die Arbeitslosigkeit sank auf ein historisches Tief. Neue Technologien und erneuerbare Energien erlauben es mehr und mehr Highlandern, den Lebensunterhalt in ihrer Heimat zu verdienen.

NATURSCHUTZ

Rasierklinge gegen Rembrandt

Zielkonflikte zwischen Landschaftsschutz, Freizeitnutzung und wirtschaftlicher Entwicklung führen nicht nur in den schottischen Nationalparks zu hitzigen Debatten.

Zweifellos ist es vor allem die atemberaubene Szenerie, die Besucher nach Schottland lockt. Die 2002 und 2003 vom Schottischen Parlament eingerichteten Nationalparks – Loch Lomond & Trossachs und Cairngorms – schließen einige von Schottlands spektakulärsten Landschaften ein. Oberstes Ziel sind Schutz und Erhalt der Natur. Infrastrukturprojekte wie Windparks oder Stromleitungen werden als Bedrohung für das Landschaftsbild empfunden.

BEAULY-DENNY LINE

Schottland hat immense Energiereserven, ob Wasserkraft in den Highlands, ob Windräder oder die gewaltigen Gezeiten hoch im Norden am Pentland Firth. Wie aber die dort gewonnene Energie in die Ballungsgebiete des Central Belt bringen? Die Lösung: eine Überlandleitung durch die Highlands, 137 Meilen lang, von Beauly nördlich von Inverness bis nach Denny bei Falkirk. Für dieses 350-Millionen-Projekt gab es Anfang 2010 grünes Licht von der schottischen Regierung. Auf den ersten Blick natürlich ein großer Schritt in Richtung Energiewende. Aber an 600 gigantischen, 65 Meter hohen Strommasten quer durch die Highlands, durch das Great Glen und den Cairngorms-Nationalpark scheiden sich die Geister. Bei aller Schönheit der Highlands, meinen Friends of the Earth, müsse man die Stromleitung angesichts der globalen Erwärmung in Kauf nehmen. „Das wäre, als würde man mit einer Rasierklinge auf einen Rembrandt losgehen“, sagt dagegen der Journalist und Umweltschützer Cameron McNeish. Fast 20 000 Unterschriften gegen das Projekt haben die Umwelt- und Landschaftsschutzlobby gespalten. Energiewende ja, aber bitte nicht in meinem Blickfeld.

EIN PRÄZEDENZFALL?

Und hat Schottland nicht anno 2006 die europäische Konvention zum Landschaftsschutz unterzeichnet? Wie lässt sich ein solch gravierender Eingriff, dazu noch mitten durch einen Nationalpark, damit vereinbaren? Die Sorge besteht, dass hier ein Präzedenzfall geschaffen wird, der weiteren Entwicklungen dieser Art Tür und Tor öffnet. Kritiker bezweifeln zudem, dass die Alternativen, die Leitung unter der Erde zu verlegen (zu teuer, sagen die Betreiber), die schottische Ostküste oder den Meeresgrund entlangzuführen, ernsthaft in Betracht gezogen wurden.

WIND- UND NATIONALPARKS

Streit auch hier. Die einen sehen in Windrädern Symbole einer klimaverträglichen Zukunft, andere eine zumindest visuelle Umweltverschmutzung, wenn nicht eine fatale Beschädigung der Natur. Ein Zielkonflikt: Natur- und Landschaftsschutz gegen die erklärte Absicht, bis 2020 fünfzig Prozent des schottischen Strombedarfs durch erneuerbare Energie zu decken. Während in East Renfrewshire, südlich von Glasgow, Europas größte Binnenwindfarm in Whitelee im Eaglesham Moor um weitere 75 Windräder erweitert wird – als Meilenstein für Schottlands Ambitionen in Sachen erneuerbarer Energie begrüßt –, regen sich gegen einen Windpark in der Wigtown Bay im äußersten Südwesten Schottlands die lokalen Proteste. Und auch bei der touristischen Nutzung der Nationalparks kommt es zu Auseinandersetzungen. Loch Lomond (Abb. oben und unten) ist – als größter Binnensee Großbritanniens – ein wichtiger Trinkwasserspeicher. Schutz der Wasserqualität hat deshalb vor Motorbooten Priorität.

Maßstab 1:950.000

Imposante Bergwelt, von Tälern durchsetzt

Die höchsten Berge Schottlands, faszinierende Täler und Seen sowie eine abwechslungsreiche Küstenlandschaft prägen das dünn besiedelte schottische Hochland. Weit weniger dem englischen Einfluss ausgesetzt als die übrigen Regionen, jahrhundertelang von mächtigen Clans beherrscht, gilt diese einsame Gegend als besonders charakteristisch für das Land.

01 OBAN

Vom South Pier des beliebten Ferienorts (12 500 Einw.), des „Gateway to the Isles", legen Autofähren nach Mull, Coll, Tiree, Barra, South Uist, Colonsay, Lismore und Islay ab.

Sehenswert

In der Destille von Oban in der Stafford Street wird einer der „Classic Malts of Scotland" hergestellt. Die **Oban-Destille** wurde 1794 gebaut – um sie herum entstand die Stadt (Mo.–Fr. 9.30–17.00, April–Okt. auch Sa. 9.30–17.00, Juli–Sept. auch So. 12.00–17.00 Uhr, Dez bis Feb. nur nach Vereinbarung). Blickfang ist der **McCaig's Tower,** eine dem römischen Kolosseum nachempfundene, unvollendet gebliebene Anlage, die sich der exzentrische Bankier John Stuart McCaig zwischen 1895 und seinem Tod 1902 bauen ließ. Das **Scottish Sealife Sanctuary** (März–Okt. tgl. 10.00–17.00 Uhr, im Winter nur auf Anfrage: Tel. 01631/72 03 86) ist Schottlands führendes Rettungszentrum für Seehundbabys.

Museum

Über Lokalgeschichte und Obans strategische Rolle in den beiden Weltkriegen informiert das **Oban War & Peace Museum** im alten Oban Times-Gebäude beim North Pier (März–Okt. tgl. 10.00–16.00 Uhr).

Aktivitäten

Am vorletzten oder letzten Augustwochenende findet das **Argyllshire Gathering** – die Oban Highland Games – statt. Von Weltrang ist der **Wettbewerb der Solo-Piper** um die Oban Gold Medal (www.obangames.com).

Umgebung

Am Eingang von Loch Etive, 5 km nördl., wacht **Dunstaffnage Castle** (frühes 13. Jh.), die Festung der MacDougalls (April–Sept. tgl. 9.30 bis 18.30, Okt.–März Sa.–Mi. 9.30–16.30 Uhr). Ein Ausflug zum **Kilmartin Glen** südlich von Oban mit den prähistorischen „Standing stones" bietet sich an, kombiniert mit einem Besuch des **Kilmartin House Museum of Ancient Culture,** in dem das „Tal der Geister" mit seinen 350 Steinmonumenten aus 5000 Jahren interpretiert wird (tgl. 10.00–17.30 Uhr). Auch **Inveraray** (61 km nordöstl.) am Loch Fyne lohnt einen Besuch. Inveraray Castle, ein paar Minuten vom Stadtzentrum gelegen, ist Stammsitz des Duke of Argyll (April–Okt. Mo.–Sa. 10.00–17.45, So. ab 12.00 Uhr). Die Inveraray Highland Games finden Mitte Juli statt.
An Loch Awe, ca. 40 km östl. von Oban, thront **Kilchurn Castle.** Im **Glencoe** (55 km nordöstl. von Oban), dem dramatischen „Tal der Tränen", meuchelten 1692 die Campbells die MacDonalds (Glencoe Visitor Centre, Ballachulish, www.glencoetourism.co.uk, April–Sept. tgl. 9.00–18.00, Okt.–März Mo.–Sa. 9.00–17.00 und So. ab 10.00 Uhr).

Information

Oban Tourist Information Centre, Argyll Square, GB-Oban PA34 4AN, www.oban.org.uk

02 FORT WILLIAM

Das touristische Zentrum zwischen Glasgow, Stirling und Inverness ist zugleich Kreuzungspunkt wichtiger Straßen und Eisenbahnlinien am Südende des Great Glen sowie vor der imposanten Kulisse des höchsten Berges von ganz Großbritannien, des Ben Nevis (1343 m).

Museum

Das kleine **West Highland Museum** am Cameron Square zeigt Highland Dresses, Haushaltsgegenstände und Whiskyutensilien aus dem 19. Jh. sowie Dokumente aus der Ben-Nevis-Bergsteigerei und zum Caledonian Canal (Juni bis Sept. Mo.–Sa. 10.00–17.00, Juli/Aug. auch So. 14.00–17.00 Uhr).

> Tipp
>
> ### Schottland erwandern
>
> In Fort William endet Schottlands ältester Wanderweg, der West Highland Way, hier beginnt jedoch Schottlands jüngster: der Great Glen Way (2002), etwa 117 km bis nach Inverness, am Loch Lochy, am Caledonian Canal und am Loch Ness entlang und vorbei an Urquhart Castle.
>
> *www.greatglenway.com*

Umgebung

In **Glenfinnan** am Loch Shiel (rund 28 km nordwestl.) sammelte Bonnie Prince Charlie die Highland Clans am 19. August 1745. Das Glenfinnan Monument, das Alexander MacDonald

Tante-Emma-Laden in Shieldaig im Westen

of Glenaladale etwa 70 Jahre später zur Erinnerung an jene Hochländer errichten ließ, die für die jakobitische Sache gekämpft hatten, informiert über „The 45" und den Prinzen (www.visitglenfinnan.co.uk, April–Okt. tgl. 10.00 bis 17.00, Juli u. Aug. tgl. 9.30–17.30, Nov. Mo.–Sa. 10.00–16.00 Uhr).

Information

Fort William Tourist Information Centre, Cameron Square, GB-Fort William PH33 6AJ, www.aboutbritain.com/towns/fort-william.asp

03 AVIEMORE

Das Zentrum des Cairngorms-Nationalparks ist nicht gerade ein architektonisches Kleinod. Vor allem lockt die dramatische Kulisse der **Cairngorm Mountains** ▶**TOPZIEL** mit ihren Wander- und Wintersportmöglichkeiten.

Umgebung

Lohnend ist ein Besuch des Cairngorm Reindeer Centre (www.reindeer-company.demon.co.uk, tgl. 10.00–17.00 Uhr) in **Glenmore,** 9 km östl. Der Highland Wildlife Park (www.highlandwildlifepark.org) in **Kincraig**, etwa 10 km südwestlich, beherbergt Bison, Rotwild, Hochlandrinder, Elche, Biber, Otter, Wildkatzen, Rentiere (April–Okt. tgl. 10.00–18.00, Juni–Aug. bis 19.00, Nov.–März tgl. bis 16.00 Uhr).

Information

Aviemore Tourist Information Centre, Unit 7, Grampian Road, GB-Aviemore PH22 1RH, www.visitaviemore.com

04 INVERNESS

Die Hauptstadt der Highlands (mehr als 50 000 Einw.) an der Mündung des Ness (gälisch

Infos

Tipp

Quer über Loch Ness

Schottlands Great Glen lässt sich sehr gut vom Caledonian Canal aus erkunden, der im 19. Jahrhundert als Verbindung der Seen zwischen dem Firth of Lorn im Südwesten und dem Moray Firth im Nordosten errichtet wurde. Wie wär's mit einer Fahrt auf einer umgebauten holländischen Barke – der Fingal of Caledonia? Einmal die Woche verkehrt das Boot zwischen Inverness und Fort William. En route gibt es Möglichkeiten zum Wandern, Kajakfahren oder Mountainbiking.

Tel. 01397/77 21 67, www.fingal-cruising.co.uk

„Inbhir Nis") in den Moray Firth ist eine quirlige Metropole. Erst im Jahr 2000 wurde sie von der Queen zur Stadt erhoben.

Sehenswert
Das viktorianische **Inverness Castle** ersetzte die von Bonnie Prince Charlies Truppen zerstörte alte Burg aus dem 12. Jahrhundert.

Museum
Geschichte, Archäologie und kulturelles Erbe der Highlands dokumentiert das **Museum and Art Gallery** am Castle Wynd (Mo.–Sa. 9.00 bis 17.00 Uhr).

Aktivitäten
Im Juli steigen die weltweit größten **Highland Games** in Inverness (www.invernesshighlandgames.com). Im September findet im Eden Court Theatre (www.eden-court.co.uk) das **Northern Meeting** statt, einer der wichtigsten Termine im Kalender für Dudelsackspieler (www.northern-meeting.org). Das **Inverness Book Festival** findet im Oktober statt (www.invernessbookfestival.com). Im November zeigt das **Inverness Film Festival** schottische Premieren und internationale Filmbeiträge (www.invernessfilmfestival.com).

Umgebung
Loch Ness Centre and Exhibition sowie Nessiland Castle Monster Centre in **Drumnadrochit** (23 km südwestl.) informieren über das monströse Urtier-Phänomen. Unweit davon sitzt **Urquhart Castle** strategisch günstig am Eingang des Great Glen (April–Sept. 9.30–18.30, sonst bis 16.30 Uhr). **Dunrobin Castle** (85 km nördl. bei Golspie) wird oft als „schottisches Neuschwanstein" bezeichnet. Die ältesten Gebäudeteile stammen aus dem 13. Jh.; der größte Teil der Anlage (mit schönem Park) wurde im 19. Jh. errichtet (April, Mai, Okt. Mo.–Sa. 10.30–16.30, So. 12.30–16.30 sowie Juni–Sept. Mo.–Sa. 10.30–17.30, So. ab 12.00 Uhr).

Information
Inverness Tourist Information Centre, Castle Wynd, GB-Inverness IV2 3BJ, www.visit-inverness.com

05 ULLAPOOL

Ullapool am Ufer des Loch Broom ist der perfekte Ausgangspunkt, um die Westküste von Wester Ross bis hinauf nach Cape Wrath zu erkunden – zweifellos eine der schönsten Ecken des Landes. Am Hafen legt die Fähre nach Stornoway auf Lewis ab.

Museum
Im **Museum and Visitor Centre** kann man sich über Fischerei, Auswanderung und Lokalgeschichte informieren (West Argyle Street, April–Okt. Mo.–Sa. 10.00–17.00 Uhr, Nov.–März nach Vereinb., www.ullapoolmuseum.co.uk).

Aktivitäten
The Ceilidh Place fing 1970 als kleines Café an, ist heute Hotel/Restaurant, hat einen Buchladen und veranstaltet Konzerte – ein Refugium für die Seele (www.theceilidhplace.com).

Umgebung
Plockton (129 km südwestl.) am Loch Carron ist ein denkmalgeschütztes gälisches Dorf unter der Ägide des National Trust (www.plockton.com).

Information
Ullapool Tourist Information Centre, 20 Argyle Street, GB-Ullapool IV26 2UB, www.ullapool.co.uk/

06 THURSO

Thurso ist Schottlands nördlichste Stadt auf dem „Festland". Die Lage an der Nordküste von Caithness hat es zu einem beliebten Zentrum für Surfer werden lassen. Im Hafen von Scrabster legt die Autofähre nach Stromness ab, im Sommer erreicht man von Scrabster aus auch die Faröer Inseln, Shetland, Island, Dänemark und Norwegen.

Sehenswert
Die **Old St. Peter's Church** wurde im Jahr 1220 gegründet.

Umgebung
Die 9000-Seelen-Gemeinde **Wick** schließt seit 1902 auch Pulteneytown ein, das im 19. Jh. als Heringshafen für die British Fisheries Society erbaut wurde. Bahnanbindung und Flughafen (Sumburgh, Kirkwall, Aberdeen und Edinburgh) machen Wick zum Zentrum im äußersten Nordosten Schottlands. Das Wick Heritage Museum

Die Bibliothek von Dunrobin Castle ist einer von 189 Räumen des Märchenschlosses.

in der Bank Row in Pulteneytown informiert über die herausragende Stellung der Stadt in der Heringsfischerei sowie in der Glasproduktion (www.wickheritage.org, April–Okt. Mo. bis Sa. 10.00–17.00 Uhr). Eine der eindrucksvollsten **Küstenstraßen** führt über mehr als 200 km von Thurso nach Ullapool – über Tongue und Durness (Sandstrand an der Sango Bay).

Information

Thurso Tourist Information Centre, Riverside, GB-Thurso KW14 8BU;
Wick Tourist Information, Norseman Hotel;
www.undiscoveredscotland.co.uk/areawick

07 ABERDEEN

Seit Anfang der 1970er-Jahre lässt vor allem das Öl aus der Nordsee Aberdeen, die drittgrößte Stadt Schottlands, florieren.

Sehenswert/Museen

Das **Marischal Museum** in der Union Street ist eine Fundgrube an Wissenswertem zur Geschichte des schottischen Nordostens (mit seiner eigenen Sprache, dem „Doric"). Das Museum zeigt auch „Beutestücke" aus Ägypten, Hawaii, Afrika, Papua-Neuguinea und Tibet (Mo.–Sa. 10.00–17.30, So. 12.00–16.00 Uhr). Das älteste Wohnhaus der Stadt, **Provost Skene's House,** liegt auf der gegenüberliegenden Straßenseite und dient heute als Geschichtsmuseum (Mo.–Sa. 10.00–17.00 Uhr). Das **Maritime Museum** im Provost Ross's House (Shiprow) illustriert Aberdeens Verbindung mit der See (Mo.–Sa. 10.00–17.00, So. 12.00–15.00 Uhr). Die **Art Gallery and Museum** (Schoolhill) präsentiert schottische internationale Künstler (Mo.–Sa. 10.00–17.00, So. 14.00–17.00 Uhr).

Aktivität

An jedem Werktag findet ab 7.30 Uhr in den Hallen zwischen Waterloo Quay und Albert Basin eine **Fischauktion** statt.

Umgebung

An Dramatik ist die auf ihren Felsklippen thronende Burgruine von **Dunottar Castle** (etwa 22 km südl.) nur schwer zu überbieten. Vor den Angriffen durch die schwere Artillerie Cromwells wurden die hier aufbewahrten schottischen Kronjuwelen unter der Schürze einer Pfarrersfrau herausgeschmuggelt (Ostern–Okt. Mo.–Sa. 9.00–18.00, So. 14.00–17.00, Nov. bis Ostern Fr.–Mo. 9.00 Uhr bis Sonnenuntergang).

Information

Aberdeen Visitor Information Centre, 23 Union Street, GB-Aberdeen AB11 5BP, www.agtb.org

Auf den Spuren Rob Roys

Der Rob Roy Way ist eine Wanderroute von Drymen (am West Highland Way) bis nach Pitlochry in Perthshire; über diese Wege ging bereits Rob Roy. Die ganze Strecke über etwa 80 Kilometer erfordert normalerweise sieben Tage – aber auch Tagesabschnitte sind sehr reizvoll.

Startpunkt ist der Marktplatz von Drymen, von dort führt der Weg in Richtung Nordost nach Aberfoyle, durch den Loch Ard Forest im Herzen der Trossachs, mit Blick auf den Gipfel des Ben Lomond. Von hier geht es weiter durch die Menteith Hills, zumeist über Waldwege bis nach Callander – mit einem Stopp im Rob Roy & Trossachs Visitor Centre.

Unten breitet sich Loch Katrine aus.

DURCH LAUSCHIGE GLENS

Die dritte, kurze Etappe folgt der Trasse der einstigen Callander and Oban Railway, vorbei an Ben Ledi und am Westufer von Loch Lubnaig bis nach Strathyre. Es geht weiter in Richtung Norden über das King's House Hotel am Rand von Glencoe und durch Glen Ogle hinauf nach Killin (mit der Möglichkeit eines Abstechers nach Balquhidder, wo Rob Roy begraben liegt). Kurz vor Killin bietet die alte Steinbrücke einen Blick auf die Falls of Dochart. Von Killin geht's bergauf, schließlich am Tay entlang, vorbei am steinzeitlichen Crannog Centre, durch den von Burns besungenen Birkenwald von Aberfeldy bis nach Pitlochry.

Konstante im Hochland ...

WEITERE INFORMATIONEN

Tipps: Wandert man in nordöstlicher Richtung, hat man in der Regel den Wind, das Wetter und auch die Sonne, sofern sie scheint, im Rücken. Die leichteren Etappen am Anfang münden in bergigeres Terrain im Anstieg nach Pitlochry. Der Weg ist nicht durchgehend ausgeschildert – man sollte sich also mit örtlichem Kartenmaterial versorgen. Auch die Website gibt eine detaillierte Wegbeschreibung. Gutes Schuhwerk und wetterfeste und warme Kleidung sind bei der Wanderung unabdingbar.
www.robroyway.com

Inselringe im Wind

Mehr als 500 Inseln sind der Westküste Schottlands vorgelagert, etwa 80 davon bewohnt. Den inneren Ring bilden die Inneren Hebriden (Skye, Mull, Iona, Islay, Jura, Rum, Eigg, Coll, Tiree und Colonsay), den äußeren die Äußeren Hebriden (Lewis und Harris, North Uist, Benbecula, South Uist, Eriskay, Barra, Mingulay und Berneray). Seit mindestens 5000 Jahren haben hier Menschen gelebt. Sie hinterließen uns prähistorische Zeugnisse ihrer Existenz – am eindrucksvollsten in dem Steinkreis von Callanish auf Lewis.

Graslandschaften, Moore und mehr als 100 Seen bestimmen die raue Landschaft der Hebriden, zu denen auch die Insel Harris gehört.

Wartungsarbeiten am Hafen von Portree auf der Insel Skye.

Dunvegan Castle, der Stammsitz des Clans der MacLeods, reckt sich seit Jahrhunderten auf seinem Felsen empor.

Natürlich gibt es Leuchttürme wie den Neist Point auf der Insel Skye.

Bei Staffin auf der Insel Skye geht das Grün der Landschaft beinahe nahtlos ins Blau des Meeres über.

Special GEORGE ORWELL

Weltliteratur ...

Nun ist es schon eine ganze Weile her, dass „1984" – neben „Farm der Tiere" das bekannteste Buch von George Orwell – Zukunft war. Die Kritik des Autors am totalitären Überwachungsstaat aber, an der Orwell auf der Hebrideninsel Jura arbeitete, ist unverändert aktuell.

Der im indischen Motihari (Bihar) geborene Schriftsteller George Orwell (1903–1950) kam erstmals fünf Jahre vor seinem Tod auf die Hebrideninsel Jura, wo er unter seinem bürgerlichen Namen als Eric Arthur Blair bekannt war. Im September 1946 zog er nach Barnhill. Er gärtnerte, angelte gern und liebte es, mit seinem kleinen Boot zum Wasserwirbel von Corryvrechan hinauszurudern – wo er einmal kenterte und fast ums Leben gekommen wäre. Hauptsächlich aber arbeitete er an einem Roman, den er 1948 fertigstellte. Die Verdrehung der Jahreszahl ergab den Romantitel: 1984.

Ohne Hindernis können die atlantischen Brecher Anlauf auf die Inseln des Westens nehmen. Doch es gibt hier auch viele geschützte Sandstrände. Gneis, Schiefer und Vulkangestein wechseln mit Hochmooren und kleinen Seen ab. Die faszinierendsten Landschaften finden wir auf der Insel Skye mit ihrer majestätischen Cuillin-Bergkette und den bizarren Felsformationen der Trotternish-Halbinsel; aber auch die Berge von North Harris, das Basaltwunder von Staffa und die goldenen Sandstrände von Tiree, South Harris, Uist und Barra sind spektakulär. Hinzu kommen die Felsmonolithe von Callanish auf der Insel Lewis: 47 aufrecht stehende Kultsteine (Menhire) aus prähistorischer Zeit bilden wohl den schönsten Steinkreis Schottlands.

SCHWIERIGE ZEITEN

Zu Beginn des 19. Jahrhundert kam es auch auf den Hebriden zu Vertreibungen. Auf Lewis organisierte der Grundbesitzer James Matheson die Verschiffung von 109 Familien en bloc nach Kanada, wo diese in Ontario siedelten und bis ins 20. Jahrhundert ihre Sprache und Kultur bewahrten. Auf Eigg erinnern die aufgegebenen Behausungen am Fuß des Sgurr an die Zeit der Vertreibungen: 14 Familien waren hier gezwungen worden, auszuwandern. In North Uist hatte man gleich die gesamte Bevölkerung von Sollas „umgesetzt". Auch auf Benbecula, South Uist, Eriskay und Barra wurden Einwohner mit Waffengewalt auf Schiffe nach Nordamerika verfrachtet. Die durch die Kartoffelfäule Mitte des 19. Jahrhunderts ausgelöste Hungersnot verstärkte noch den Bevölkerungsschwund. Auf manchen Inseln ist er bis heute nicht gestoppt. Aber es gibt auch positive Entwicklungen: Vor den Vertreibungen lebten auf Skye rund 24 000 Menschen, 1960 waren es noch 6000, doch nun sind es immerhin wieder über 10 000. Und trotz aller Widrigkeiten hat sich vor allem auf den Äußeren Hebriden die gälische Sprache erhalten.

ST. KILDA: UNESCO-WELTERBE

Knapp 66 Kilometer westlich von Benbecula gelegen, ist St. Kilda die abgeschiedenste Region Großbritanniens. Die Insel mit ihren schroffen Klippen gilt heute als wichtigste Brutstätte für Seevögel in Nordwesteuropa. Im Jahr 1930 wurde die verbleibende Bevölkerung evakuiert, 1986 nahm die UNESCO St. Kilda in ihre Liste des schützenswerten Weltnaturerbes auf. 2005 kam auch noch die Anerkennung der schon seit rund 2000 Jahren besiedelten Insel als UNESCO-Welterbe hinzu.

Impressionen auf Islay: Im Pub in Bowmore wird gemeinsam gesungen (oben) – vielleicht kommen später sogar noch weitere Instrumente hinzu; traditionelles Handwerk wird gepflegt (oben) wie auch das traditionelle Inselleben.

Es braucht einige Zeit, will man sich in die Whiskyvielfalt einsehen, die der Pub in Bowmore auf Islay im Angebot hat.

AUFSCHWUNG DURCH TWEED

Vor allem auf Lewis und Harris brachte die Tweed-Industrie schon im 20. Jahrhundert einen deutlich spürbaren Aufschwung. Das nach dem Fluss Tweed benannte Textilgewebe, ein aus Streichgarn hergestellter Schurwollstoff, wird als „Harris Tweed" bezeichnet, wenn es „von Hand durch Einwohner der Inseln Lewis, Harris, Uist und Barra gewoben" und „auf den Äußeren Hebriden gefärbt und gesponnen" wurde (so lautet jedenfalls die genaue Definition des Harris Tweed Act aus dem Jahr 1993). Jedes aus diesem reinen Wollstoff gefertigte Kleidungsstück ist mit einem Echtheitsetikett ausgezeichnet.

WHISKY – AUS TRADITION GUT

Die Inseln Islay, Jura, Mull und Skye sind auf jeder Whiskykarte feste Wegmarken. Islay, die südlichste der Inneren Hebriden, gilt unter Whisky-Connaisseuren als „the first among equals", als Erste unter Gleichen: Wer seinen Malt kräftig und „torfig" mag, der liegt bei den Islay Malts richtig. Die drei Malts vom südlicheren Teil der Insel (Lagavulin, Laphroig und Ardbeg) sind die torfigeren, mit Jod, Salz und Seetang im Aroma; die nördlichen (Bunnahabhain, Caol Ila, Bowmore und Kilchoman) schmecken etwas leichter und runder. Der Letztere, Kilchoman, wird übrigens erst seit dem Jahr 2005 produ-

Detail aus einem Wandelgang eines um 1200 entstandenen Klosters auf der Insel Iona

Die Standing Stones of Callanish auf der Insel Lewis, ein faszinierendes Zeugnis einer rätselhaften Kultur.

Die Insel Harris trennt nur der Name von der Insel Lewis, geografisch bilden beide eine Einheit.

Blühende Heide bedeckt die Hügel der fast baumlosen Insel Mull.

„Bonnie Prince Charlie … floh von Insel zu Insel – man könnte eine Rundreise durch die Hebriden auf seinen Spuren machen –…“

Hermann Schreiber, Schottland

ziert – in der ersten neuen Destille, die auf Islay seit 124 Jahren gebaut wurde.

ERFOLGE IN EIGENREGIE

Auf Gigha war die Bevölkerungszahl in den Jahren 1970 bis 2000 von 200 auf 98 zurückgegangen. 2002 konnten die verbliebenen Bewohner mithilfe eines Lotteriedarlehens die Insel erwerben. Schon vier Jahre später hatte die Einwohnerzahl von Gigha die 150 überschritten. Statt sechs gingen nun 14 Kinder in die Schule. Neue Firmen wurden gegründet, drei Windturbinen erzeugen auf umweltverträgliche Weise Strom, Boathouse Café Bar lädt zum Besuch, und eine Spezialabfüllung von Springbank (Campeltown) wird als „Gigha Whisky“ vermarktet. Und zudem konnten 2006 die ersten Familien in neue Sozialwohnungen ziehen – die ersten, die in den letzten 50 Jahren gebaut worden waren. Bei all dem nahmen sich die Insulaner an der Insel Eigg ein Beispiel, deren Bevölkerung schon 1997 ihr Eiland in Eigenregie übernommen und so eine erfolgreiche Trendwende herbeigeführt hatte.

Und dieses Beispiel scheint auch andernorts Schule zu machen: Ebenfalls mit einer Millionenspritze des Lotteriefonds konnte im November 2006 der bisher größte Landtransfer von privatem in gemeinschaftliches Eigentum seit der Landreform des schottischen Parlaments komplettiert werden: „Storas Uibhist“ („der Reichtum von Uist“) vereinigt 3500 Bewohner der Äußeren Hebrideninseln South Uist, Eriskay und Benbecula, die überzeugt waren, dass ihre Inseln bis dahin nicht zum Wohl der Gemeinschaft verwaltet wurden. Nachdem sie nun selbst Eigner sind, wollen sie auch ihre eigene Vision verwirklichen und die Wirtschaftlichkeit ihrer Ländereien fördern. Angus McMillan, Sprecher der Gemeinschaft: „In den kommenden Jahren wollen wir die nachhaltige Regenerierung der Inseln betreiben und dazu alle Möglichkeiten nutzen, die uns zur Verfügung stehen.“

Die Eigenregie zog eine erfolgreiche Trendwende nach sich.

WHISKY

Ein Hauch für die Engel

Whisky-Destillerien finden sich auf dem schottischen Festland, aber auch auf den Inseln. Und so hat jeder Whisky je nach Herkunft seinen eigenen Charakter – und die Single Malts ihre ganz besondere Note.

Schon Flasche und Etikett machen neugierig. In den Single Malts verbirgt sich eine ganze Vielfalt an Geschmacksnoten, ein Anklang von salziger Meerluft ist bei jenen von Islay zu schmecken.

Whisky ist das schottische Nationalgetränk. Man trinkt es zur Begrüßung und zum Abschied. Aber auch sonst findet sich immer ein Anlass zu einem „Dram", einem Gläschen Whisky. Geschäftsabschlüsse werden damit besiegelt, auf Neugeborene wird mit einem „Dram" angestoßen – und eine Totenwache oder ein Begräbnis ohne Whisky? Unvorstellbar!

Whisky galt in Schottland von altersher als ein Allheilmittel: äußerlich (wenn's denn sein muss) und innerlich angewandt. Ob Erkältung oder Schnupfen, ein Whisky half gewiss. Selbst Säuglingen gab man ein Löffelchen davon, um sie ruhigzustellen.

Die Geschichte des hochprozentigen Getränks beginnt im frühen Mittelalter – das erste schriftliche Zeugnis aus dem Jahr 1494 stammt von einem Mönch. Die Tradition reicht aber mit Sicherheit viel weiter zurück. Wahrscheinlich kam die Kunst, aus Gerstenkörnern, Hefe und klarem Quellwasser Whisky zu brennen, ursprünglich aus Irland (wo man übrigens „Whisky" wie in den USA „Whiskey" schreibt).

THE ANGELS' SHARE

Die Gerste (nur beste Braugerste) wird angefeuchtet und soll etwas aufkeimen, damit sich die Stärke in Zucker verwandeln kann. Nach fünf bis sieben Tagen wird sie über einem Torffeuer getrocknet. Schon hier entscheidet sich, wie „torfig" oder „rauchig" der Malt später sein wird. Das so entstandene

Und wie trinkt man schottischen Whisky? – Die Meinungen gehen auseinander. Ein Schlückchen weiches Quellwasser, so meinen einige Kenner, bringt das volle Aroma und den Geschmack eines Malts zur Entfaltung. Eis aber ist verpönt.

Was entfaltet sich da Wunderbares vor der Nase – ein Duft von Honig, etwas Heidekraut vielleicht, auch Holz mag man erschnuppern – und das in nur einem Malt Whisky.

„Malts ... sind trocken oder süß, mächtig oder leicht, spritzig oder abgerundet ...“

Michael Jackson, Malt Whisky

Malz wird nun zu einem groben Mehl, dem „Grist“, gemahlen und zusammen mit Quellwasser in den Maischbottich umgefüllt. Dabei verwandelt sich die Stärke der Gerste in Zucker. Nach einigen Stunden ist die Würze – eine süße, kupferfarbene Flüssigkeit – entstanden, die nun auf 20 °C abgekühlt wird. Zur Fermentierung wird sie in einen Gärbehälter („Washback“) gefüllt, wo Hefe hinzugefügt wird, um den Zucker innerhalb von 56 Stunden in Alkohol umzuwandeln. Eine Art Bier ist entstanden, mit 8,5 % Alkohol, „Wash“ genannt. Nach einem weiteren Destillationsprozess hat die Flüssigkeit dann knapp 70 % Alkohol. Ein Teil davon geht in die Lagerung, der Rest wird im nächsten Durchgang weiterverwendet.

Den alkoholisch auf die Endstärke (üblicherweise 43 %) reduzierten Whisky lagert man jahrelang in Eichenfässern, die vorwiegend aus der spanischen Sherry-Erzeugung stammen, oft auch aus Frankreich oder aus den Bourbon-Brennereien der USA. So erhält jeder Whisky seinen typischen Geschmack und die ihm eigene Farbe. Die Fässer erlauben dem Malt das „Atmen“: Dadurch verdunsten jedes Jahr etwa zwei bis vier Prozent der Flüssigkeit. Das nennt man den „Angels' Share“ – den Engelsanteil.

SINGLE MALT: DIE KRÖNUNG

Die Krönung der schottischen Whiskyproduktion sind die Single Malt Whiskys. Aber sie machen nur einen kleinen Teil der Gesamtproduktion aus – sozusagen die Spitze des Eisbergs für die Kenner. Das Gros der Whiskyproduktion besteht aus „Blends“ – Verschnitten zwischen Maltwhisky und Whisky aus anderen Getreidearten (ungemälzte Gerste, Weizen, Mais). „Vatted Malts“ (oder „Pure Malts“) sind Verschnitte aus verschiedenen Malt Whiskys. Single Malts werden dagegen von einer Destille nur mit gemälzter Gerste hergestellt und wie Wein nach Jahrgängen gelagert und abgefüllt.

RAUCH UND TORF, SALZ UND SEE

Derzeit gibt es etwas über 100 aktive Brennereien in Schottland; ungefähr die Hälfte davon in Speyside auf der Ostseite der Highlands, wo so berühmte Markennamen wie Glenlivet, Glenfarclas, Aberlour, Glenfiddich, Tamnavulin oder Macallan zu Hause sind. Highland Malts zeichnen sich in der Regel durch einen runden, robusten und trockenen Charakter aus, mit einem leichten Anflug von Rauch und Torf. Immer wieder gibt es die Gelegenheit, sich in den Destillen umzuschauen. Je näher diese an der Küste liegen, umso mehr mischen sich das Salz der Meeresluft und der Geruch von Seetang in das Aroma – wie im Old Pultney. Nördlichere Destillen wie Glenmorangie, Dalmore oder Balblair produzieren Malts mit einem Hauch würziger Heidekräuter. Die torfigmarkantesten Whiskys kommen vom Süden der Whisky-Insel Islay – Ardbeg, Lagavulin, Laphroaig.

FAKTEN

Nicht verpassen:
www.spiritofspeyside.com: *Speyside Festival – Ende April/Anfang Mai*
www.dufftown.co.uk: *Autumn Speyside Whisky Festival – September in Dufftown*
www.maltwhiskytrail. com: *Der Speyside Malt Whisky Trail hat acht Traditionsdestillen im Programm und lädt rund ums Jahr zur Erkundung ein.*
Scotch Whisky Heritage Centre: *An der Royal Mile in Edinburgh kann man sich unterhalb der Burg, auf einem Whiskyfass sitzend, auf eine Reise durch die Welt des Whiskys mitnehmen lassen. Man erfährt alles über die Herstellung und die idealen Voraussetzungen für die Whiskyproduktion in Schottland: feuchtes Klima und torfig-weiches Wasser.*

Maßstab 1:1.000.000
0
10km
01
02
03
04
05
Lewis
Leodhas
Skye
Outer Hebrides
Western Isles
Na h-Eileanan Siar
Inner Hebrides
North Uist
Uibhistaluath
South Uist
Uibhista Deas
Benbecula
Islay
Jura
Mull
Colonsay
Coll
Tiree
Rum
Eigg
Canna
Muck
The Minch
Little Minch
Sea of the Hebrides
Stornoway
Steornabhagh
Portree
Tobermory
Oban
Bowmore

Infos

Torf, Tweed und rätselhafte Monumente

Von Arran, dem „Schottland en miniature", über die Whiskyinsel Islay, die von der majestätischen Cuillin-Bergkette dominierte Isle of Skye und die Druideninsel Iona, Keimzelle des Christentums in Schottland – ein bisschen Insel-Hopping offenbart die Vielfalt der Hebriden in Schottlands Nordwesten. Näher am Festland liegen die Inneren Hebriden; die Äußeren Hebriden bilden weiter draußen im Atlantik einen 210 Kilometer langen Inselbogen.

01 STORNOWAY, HARRIS UND LEWIS

Mit rund 8000 Einwohnern ist **Stornoway,** Hauptort der Isle of Lewis, die einzige größere Stadt der Äußeren Hebriden. Der Rest der insgesamt etwa 20000 Einwohner von Lewis (zwei Drittel der Gesamtbevölkerung der Äußeren Hebriden) lebt verstreut auf Gehöften entlang der Westküste zwischen Port Nis (Ness) und Càrlabhagh (Carloway). Der Norden von Lewis ist flach, von weiten Torfmoorlandschaften (auf Gälisch bedeutet Lewis „Marschland") geprägt – mit dem Ben Barvas (280 m) als höchstem und dem Butt of Lewis als nördlichstem Punkt der ganzen Inselgruppe. Der Südteil dagegen ist gebirgig mit Erhebungen bis über 500 m. Er geht in die „Nachbarinsel" Harris über. Harris ist felsiger, mit zerklüfteter Küste und goldenen Sandstränden rund um Uig.
Anders als der Name vermuten lässt, handelt es sich bei Lewis und Harris – auch „Long Island" genannt – um eine Insel, die jedoch wegen der trennenden, unwegsamen Gebirgslandschaft von den Einwohnern mit zwei Namen bedacht wurde. Die Trennlinie verläuft zwischen Loch Rèasort und Loch Seaforth.

Museum
Das **Museum nan Eilean** in Stornoways Frances Street informiert über das Leben, die Bräuche und die Geschichte der Äußeren Hebriden (April–Sept. Mo.–Sa. 10.00–17.30, Okt. bis März Di.–Fr. 10.00–17.00, Sa. 10.00–13.00 Uhr).

Umgebung
An der Westküste finden wir die prähistorischen Monumente von **Dùn Chàrlabhaigh, Carloway Broch** und den rund 5000 Jahre alten Steinring von Calanais, die **Standing Stones of Callanish** ▶TOPZIEL mit mehr als 20 vermuteten (davon 12 bereits ausgegrabenen) Steinsetzungen die größte heute bekannte Steinformation der Megalithkultur auf den britischen Inseln. Sehenswert sind außerdem das restaurierte **Blackhouse-Dorf von Garenin** und das **Arnol-Blackhouse** (April–Sept. 9.30 bis 19.00, Okt.–März Mo.–Sa. 9.30–16.00 Uhr): Beide sind per Tagesausflug von Stornoway aus erreichbar, entweder als organisierte Tour oder mit dem „West Circular Bus", und geben einen guten Eindruck davon, wie die Einwohner in den vergangenen Jahrhunderten auf dieser Inselgruppe lebten.

Information
Stornoway Tourist Information Centre, 26 Cromwell Street, GB-Stornoway HS1 2DD, www.caladhinn.co.uk/pages/tourist-info4.html

02 LOCHBOISDALE NORTH/SOUTH UIST

Uist ist eine Inselgruppe der Äußeren Hebriden, deren Inseln wegen ihrer landschaftlichen Ähnlichkeit und der Nähe zueinander unter diesem Namen zusammengefasst werden. Zu ihr gehören die Inseln North Uist, Clachan na-Luib, Grimsay (Griomsaigh), Benbecula und South Uist. Von Oban auf dem schottischen Festland aus fährt die Autofähre nach Lochboisdale auf South Uist (3000 Einw.). Diese Insel ist über einen Damm mit ihrer Nachbarinsel verbunden: North Uist (3000 Einw.) ist wild zerklüftet, hat ungezählte Seen und das bedeutende Vogelschutzgebiet von Balranald. Hauptstadt von North Uist ist Lochmaddy. Auf South Uist brüten in der Loch Druidbeg Reserve die selten gewordenen Graugänse. Lochboisdale ist die Hauptstadt von South Uist und zugleich einer der wichtigsten Fährhäfen der Äußeren Hebriden. Auf der Nachbarinsel Benbecula leben vor allem wegen der Militärbasis und dem Flughafen von Balivanich etwa 2000 Menschen. Über Uist erreicht man auch Barra, die Hauptinsel der südlichsten Inselgruppe der Äußeren Hebriden. Barras Miniflughafen nutzt den Strand Tràigh Mhòr als Start- und Landebahn. Von hier über die weiteren Inseln der Äußeren Hebriden wird es zunehmend einsamer: menschenleere Strände vor dem Horizont.

Sehenswert
Das nach kurzer Schließung wieder in Form gebrachte **Lochboisdale Hotel** (1905) thront auf einem Hügel über dem Fährhafen mit Blick über den Loch Baghasdail, der dem Hafen von South Uist seinen Namen gab.

Umgebung
Bei **Askernish** auf South Uist steht das Geburtshaus von Flora MacDonald, die Bonnie Prince Charlie 1746 zur Flucht verhalf. Am Pier der Hauptstadt von Barra, Castlebay, lohnt ein Blick auf **Kisimul Castle,** den Sitz der Barra MacNeils (Mai–Sept. tgl. 9.30–18.00 Uhr).

Information
Lochboisdale Tourist Information Centre, Pier Road, GB-Lochboisdale HS8 5TH, www.southuist.com

03 PORTREE, INSEL SKYE

Portree (Port-an-Righ – King's Port) ist mit 2000 Einwohnern die größte Stadt der Isle of Skye, ihrerseits die größte Insel der Inneren Hebriden. Die „Wolkeninsel" gilt als bevorzugtes

Hotel mit faszinierender Aussicht auf der Isle of Skye

Infos

Touristenziel: Einladende Sandstrände, Palmen, verwunschene Täler, Höhlen und die Bilderbuch-Bergkette der **Cuillins** ▶TOPZIEL machen Skye zu einem ganz besonderen Urlaubserlebnis. Über 200 Vogelarten finden hier ihre Nistplätze, und die Brücke, die Skye mit dem Mainland verbindet, ist mautfrei!

Sehenswert

Im **Royal Hotel** in der Bank Street nahm Bonnie Prince Charlie von seiner Fluchthelferin Flora MacDonald Abschied. Der Pier wurde von Thomas Telford erbaut. Im **Aros Skye Heritage Centre** (www.aros.co.uk) am Südende der Stadt erfährt man Wissenswertes aus den letzten Jahrhunderten – es dient gleichzeitig als Kulturzentrum mit Theater, Konzertsaal, Kino, Café (tgl. 9.00–17.00, Juli–Sept. bis 21.00 Uhr).

Aktivität

Das **Isle of Skye Music Festival** Mitte Juni bietet Rock, Pop und Folk in bunter Mischung (www.skyemusicfestival.co.uk).

Museen

Am südlichen Ende von Skye, wo die Fähre von Mallaig anlegt, beherbergt das Armadale Castle das **Museum of the Isles**. Das **Skye Museum of Island Life** an der Nordspitze besteht aus sieben reetgedeckten Cottages, die Einblick in das Landleben vergangener Tage geben (beide April–Okt. tgl. 9.00/9.30–17.30 Uhr).

Tipp

Schwer in Mode

„Harris Tweed ist ein Wollstoff aus reiner Wolle, der von Hand durch Einwohner der Inseln Lewis, Harris, Uist und Barra gewoben und auf den Äußeren Hebriden gefärbt und gesponnen wurde": So legt es ein Gesetz (Harris Tweed Act) aus dem Jahr 1993 fest. Clo Mhor – „the big cloth" – wird von den Insulanern seit Jahrhunderten in Handarbeit produziert. Auch als das Mainland auf Mechanisierung umstellte, blieben die Äußeren Hebriden bei ihrer traditionellen Produktionsmethode: Rohstoff von den Cheviot- und Blackface-Schafen wird gefärbt und zu Tweed verwoben, dann gewalkt (wozu die Frauen ihre gälischen „waulking songs" singen, um im Rhythmus zu bleiben). Mit der Tartanmode des 19. Jahrhunderts begann die erfolgreiche – und weltweite – Vermarktung des Harris Tweed.

www.harristweed.com

Schier endlose Weite bei Bruddladdich am Loch Indaal auf der Insel Islay

Umgebung

Die Talisker-Brennerei am Ufer des Loch Harport bei **Carbost** ist die einzige der Insel (April bis Juni u. Okt. Mo.–Fr. 9.00–16.30, Juli bis Sept. Mo.–Sa. 9.00–16.30, Nov.–März Mo.–Fr. 14.00 bis 16.30 Uhr). Auf der Halbinsel **Trotternish** steht der 50 m hohe Basaltmonolith „Old Man of Storr". **Dunvegan Castle** ist Stammsitz der MacLeods of McLeod: Hier sind Familienporträts von Henry Raeburn und Allan Ramsay sowie Briefe von Sir Walter Scott zu sehen, zudem wird über die Geschichte der MacCrimmonds informiert, der königlichen Dudelsackpfeifer (April–Okt. tgl. 10.00–17.30, Nov.–März 11.00–16.00 Uhr).

Information

Portree Tourist Information Centre, Bayfield House, Bayfield Road, GB-Portree IV51 9EL, www.undiscoveredscotland.co.uk/skye/portree/index.html

04 TOBERMORY, INSEL MULL

Knapp 2500 Menschen leben auf Mull, 800 davon in Tobermory, einem der meistfotografierten Häfen der Inseln. Nicht zuletzt durch die BBC-Kinderserie „Balamory" sind die bunten Häuser an der Hafenfront weit über Mull hinaus berühmt geworden.

Sehenswert

Die seit 1990 wieder produzierende **Ledaig Distillery** (1798) brennt einen leicht torfigen Single Malt (April–Okt. Mo.–Fr. 10.00–17.00 Uhr).

Aktivität

Die Schmalspurbahn der **Mull Railway** tuckert vom Old Pier in Craignure im Südosten der Insel in ungefähr 20 Minuten zum frühviktorianischen Torosay Castle mit seinem Terrassengarten (April–Okt. 10.30–17.00 Uhr).

Umgebung

Duart Castle an der gleichnamigen Bay ist Stammsitz der MacLeans – die Verliese und der Bergfried sind so sehenswert wie die Ausstellung über die Clangeschichte (April bis Okt. 10.30–18.30 Uhr).

Ein Besuch auf der **Insel Iona** (Fährverbindung von Fionnphort am Südwestende von Mull oder von Oban aus als Tagesausflug) ist ein besonderes spirituelles Erlebnis. Hier, wo vor ihm schon die Druiden ihr Zentrum hatten, landete im Jahr 563 der keltische Mönch und „Missionar Schottlands" Kolumban (eigentlich: Colum Cille) und gründete sein Kloster. Mehr als 60 schottische Könige liegen auf dem St. Oran's Cemetery begraben. Von dem im 13. Jh. gestifteten Benediktinerkloster sind noch der Chor und Teile der Kapelle erhalten. McLean's Cross ist ein 3,5 m hohes, reich verziertes Steinkreuz aus dem 15. Jh. St. Oran Chapel, die kleine Friedhofskapelle (11. Jh.), ist das älteste Gebäude der Insel. Vor der St. Mary's Cathedral (ab 12. Jh.) steht das mächtige, 4,3 m hohe St. Martin's Cross aus dem 10. Jahrhundert.

Die unbewohnte **Insel Staffa,** nordöstlich von Iona gelegen, hat Dichter, Maler und Komponisten beflügelt – von Wordsworth, Tennyson, Scott, Blake, Herder über Turner und Brahms bis zu Mendelssohn-Bartholdy (Hebriden-Ouvertüre). Nach Fontane war **Fingal's Cave,** ein

Wunder aus schwarzen Basaltsäulen, ein Werk des Gottes Vulkan. Nur etwa 19 km lang und knapp 5 km breit, ist die westlich der Isle of Mull gelegene **Insel Tiree** für Surfer nicht so sehr das „Land unter Wellen“ als der Strand der Wellen. Weiße Dünen an der Gott Bay mitten im Golfstrom laden zum Baden ein (wenn der Wind nicht zu stark oder zu kalt ist).

Information

Tobermory Tourist Information Centre, The Pier, GB-Tobermory PA75 3NU, www.isle.of.mull.com

05 BOWMORE, INSEL ISLAY

Islay, südlichste und fruchtbarste Insel der Inneren Hebriden, hat etwa 4000 Einwohner – die meisten davon dürften mit Whisky und dem damit verbundenen Tourismus ihr Geld verdienen. Acht aktive, zum überwiegenden Teil Weltruf genießende Destillen gibt es hier, die Hauptstadt Bowmore wurde 1768 gegründet.

Sehenswert

Bowmore hat eine markante Hauptstraße, die sich von der Küste durch die Stadt zieht und an deren Ende sich eine Rundkirche befindet. Ansonsten geht es hier vor allem um Destillen wie **Bowmore Malt** (in Bowmore, Mo.–Fr. ab 10.00 Uhr, www.bowmore.co.uk), **Bruichladdich** im Westen (Mo.–Fr. 10.00–17.00, Sa. bis 13.00 Uhr), **Ardbeg** (Sept.–Mai Mo.–Fr. 10.00–16.00, Juni–Aug. tgl. 10.00–17.00 Uhr), **Laphroig** (Führungen nach Vereinb., Tel. 01496/30 24 18, Mo.–Fr., 10.30 u. 14.30 Uhr) und **Lagavulin** (Führungen n. V., Tel. 01496/30 24 00, Mo.–Fr., 10.00, 11.30, 14.30 Uhr) im Süden, **Bunnahabhain** (Führungen n. V., Tel. 01496/84 06 46, Mo. bis Fr. 10.00–16.00 Uhr) und **Caol Ila** (April bis Okt. n. V., Tel. 01496/30 27 60) im Osten.

Museum

Das **Museum of Islay Life** im Küstenort Port Charlotte zeigt prähistorische Funde und Regionalgeschichte (April–Okt. Mo.–Sa. 10.00 bis 17.00, So. 14.00–17.00 Uhr).

Aktivitäten

Das **Islay Festival of Malt and Music** Ende Mai/Anfang Juni (www.feisile. org) ist die beste Einführung in die Themen Whisky und Inselleben. Islay hat gute **Angelmöglichkeiten,** und der Machrie-**Golfplatz** bei Port Ellen ist ein Championship Course.

Information

Islay Tourist Information Centre (Bowmore), The Square, GB-Bowmore PA43 7JP, www.islay.co.uk

DuMont Aktiv

Selbst Whisky brennen

Fünf Tage „Arbeitserfahrung“ in der jüngsten Destille der Whiskyinsel Islay. Die 2005 etablierte Kilchoman Distillery bietet einen Kurs in der Whiskyherstellung – von der (auf der Rockside Farm selbst angebauten) Gerste bis zur Abfüllung.

Als die Kilchoman-Brennerei („kilhoman“) 2005 den Betrieb aufnahm, war sie nach 124 Jahren die erste neu gebaute Destille auf Islay, der schottischen Whiskyinsel. Es handelt sich um die westlichste aller schottischen Whisky-Brennereien, und mit einem Ausstoß von etwa 100 000 Liter Alkohol im Jahr ist Kilchoman auch eine der kleinsten Brennereien in Schottland. Alles wird hier in Eigenregie gemacht, von der Arbeit mit der Gerste bis zur Abfüllung. Kilchoman ist eine von nur sechs Destillen, die traditionell auch in Eigenregie mälzen, und die einzige, die ihre eigene Gerste anbaut.

Brennerei auf der Insel Islay

EIN AUFREGENDER PROZESS

Den gesamten Prozess kann man hautnah miterleben, oder besser: man kann in der Gesellschaft von Gavin Douglas, Tony Rozga und Robin Bignall, dem Produktionsteam von Kilchoman, daran mitwirken. So ist man bei der Bearbeitung der Gerste dabei, überwacht den Mälzvorgang, wird immer wieder den Gärprozess in den großen Kesseln beobachten, beim Brauen und Destillieren mithelfen, auch bei der Abfüllung, und man wird viel über die Lagerung lernen. Zum Abschluss gibt's dann am Freitag nicht nur eine Urkunde für die Hausbar daheim, sondern auch ein Fläschchen des „New Spirits“, der in eben jener Woche gebrannt wurde.

WEITERE INFORMATIONEN

Adresse: Kilchoman Distillery Rockside Farm, Bruichladdich, Isle of Islay, PA49 7UT
Tel. 01496/85 00 11
www.kilchomandistillery.com/categories/distillery-experience

Kosten des Kurses: £ 500

Abstecher: Manchmal vergisst man beinahe, da sich auf Islay alles um Whisky dreht, die landschaftlichen Reize und weiteren Möglichkeiten: Meilenlange Sandstrände laden zum Spaziergang ein und auch ein 18-Loch-Golfplatz erster Klasse ist vorhanden.

Herbe Inselschönheiten im Norden

Die Orkney- und Shetland-Inseln sind die nördlichsten Außenposten des Vereinigten Königreichs. Von hier aus ist es näher nach Oslo als nach London. Auf den 17 bewohnten der insgesamt 67 Orkney-Inseln leben knapp 20 000 Menschen, auf den 15 bewohnten der über 100 Shetland-Inseln knapp 23 000. Um die Sommersonnenwende scheint die Sonne hier 18 bis 19 Stunden lang am Tag.

Shetland-Ponys grasen an der windumtosten Küste von Unst, der nördlichsten bewohnten Shetland-Insel.

Lerwick, nördlichste Stadt in Großbritannien und Hauptstadt der Shetland-Inseln

Schilfbewachsen ist der kleine See nahe den Eshaness-Klippen auf den Shetland-Inseln.

…uf den Shetland-Inseln hat man Chancen, unterwegs die scheuen Papageientaucher bewundern zu können.

Die Küsten der Shetland-Inseln sind wind- und wettergepeitscht.

Die Orkney-Inseln sind beinahe baumlos – nur auf der Insel Hoy, wo auch die höchsten Seeklippen (347 m) Großbritanniens zu finden sind, haben Bäume dem fast ständig wehenden Wind widerstanden. Im Westen bieten dramatische Felsküsten großartige Panoramen, im Osten finden wir lang ausgedehnte Sandstrände. Auch die ebenfalls weitgehend baumlosen Shetland-Inseln sind wind- und wettergepeitscht, die Küsten schroff und tief eingeschnitten. Hier gibt es zehnmal so viele Schafe wie Menschen und große Vogelpopulationen – darunter rund 46 000 Tölpel und etwa 200 000 Papageientaucher.

DÄNISCHE MITGIFT

Im 9. Jahrhundert kamen norwegische Wikinger auf diese Inseln. Sie blieben fast 700 Jahre. Im Jahr 872 gründete der König von Norwegen eine Grafschaft auf Orkney, von wo sie die nordischen Inseln, die Inseln des Westens und Caithness kontrollierten sowie zu Plündereien in England und entlang der Küsten Europas auszogen. Erst im 15. Jahrhundert kamen die Orkney- und Shetland-Inseln an Schottland – und zwar als Mitgift für Margaret, die Tochter des dänischen Königs Christian I., die 1469 den späteren King James III. von Schottland heiratete. Von nun an nahm der schottische Einfluss zu; das Alt-Norwegisch, das die Insulaner bis dahin sprachen, wurde zurückgedrängt. Aber die nordischen Ortsnamen blieben bis heute. Auch die alten skandinavischen Feste werden noch gefeiert – vor allem im Winter, wenn die Sonne nur sporadisch eine Aufwartung macht und die langen Nächte mit Geschichten und Musik überbrückt werden.

STEINERNE ZEUGEN

Ursprünglich waren die Orkney- und Shetland-Inseln schon im 3. Jahrtausend v. Chr. besiedelt. Erhalten blieb die größte Ansammlung prähistorischer Monumente in ganz Großbritannien. Dazu gehören auf Mainland-Orkney das megalithische Kammergrab Maes Howe, durch dessen lange Eingangspassage nur zur Wintersonnenwende fahles Winterlicht fällt, der große Steinring von Brodgar, die Steine von Stenness, der Ring o' Bookan, die Megalithe von Fingersteen und Yetnasteen sowie das steinzeitliche Dorf von Skara Brae.

Auf Mainland-Shetland illustriert der Jarlshof Siedlungsgeschichte von der Bronze- und Eisenzeit bis zu den Wikingern. Ob die steinzeitlichen Zeugen zur Beobachtung des Sternenfirmaments dienten, als territoriale Markierungspunkte, zur Zeitmessung und als Kalender – Theorien gibt es viele. Tatsache

Landleben: Farmmarkt auf Mainland-Orkney (rechts) und Schafschur auf Mainland-Shetland (ganz rechts). Der Jarlshof auf Mainland-Shetland (unten rechts) gibt unter anderem Einblick in Wohnformen der Wikinger, die Ausgrabungen bei Lerwick (unten) in prähistorische Zeiten.

Special UP HELLY-AA

Ein gigantischer Fackelzug

Jährlich am letzten Dienstag im Januar folgen in Lerwick auf Mainland-Shetland rund 900 „Guizers" – Gefolgsleute des Wikingerhäuptlings Guizer Jarl – ihrem auf einem prächtigen Wikinger-Langschiffnachbau thronenden Anführer in einem Fackelzug durch die Straßen.

Am Ende des Prozessionsmarsches werden die Fackeln auf das Schiff geschleudert, und ehe dieses spektakulär in Flammen aufgeht, flüchtet der Guizer-Jarl-Darsteller. Dann wird die Nacht hin-

Aufmarsch der Guizer und Fackelträger

durch gefeiert, getanzt, gesungen. All das erinnert an heidnische Wintersonnenwenderituale wie auch an den verbürgten Brauch der Wikinger, ihren Häuptling nach dessen Tod zusammen mit seinem Langschiff einzuäschern. Auf den Shetland-Inseln gibt es noch acht weitere „Up Helly-Aa"-Festivals. Auch Frauen sind dort als aktive Teilnehmer willkommen – nur nicht in Lerwick.

ist, dass schon lange, bevor die Ägypter ihre Pyramiden bauten, hier Menschen diese steinernen Fingerzeige in die Landschaft setzten – und dass eine ganze Reihe von ihnen 5000 Jahre Menschheitsgeschichte, Wind und Wetter überstanden haben. Kein Wunder, dass sie auch in den Mythen und Legenden dieser Inseln eine wichtige Rolle spielen. Erwachen sie tatsächlich an Hogmanay (dem am Abend des 31. Dezember bis in die frühen Morgenstun-

Tatsache ist, dass eine ganze Reihe steinerner Fingerzeige Tausende Jahre Menschheitsgeschichte gesehen haben.

den des 1. Januar gefeierten schottischen Festtag) zum Leben, um am nächstgelegenen See zu trinken? Oder handelt es sich gar um Riesen und Hexen, die in Steine verwandelt wurden?

EIN WILDES SPEKTAKEL

Die Ba'Games sind ein ursprünglich wohl auf heidnische Traditionen zurückgehendes Ballspiel, bei dem am 1. Weihnachtstag und am Neujahrstag auf Mainland-Orkney Mannschaften von Kirkwalls Südstadt („Uppies") gegen solche der Nordstadt („Doonies") antreten, um den Ball („Ba'") nicht wie beim Fußball ins gegnerische, sondern ins eigene Tor zu befördern – also quasi heimzubringen. Dabei gibt es kaum feste Regeln und keine Begrenzung der Spielerzahl. Als Tor der Uppies dient eine Straßenkreuzung, das der Doonies ist das Hafenbecken. Als Spielfeld gilt die ganze Stadt, und wenn mittags um 13.00 Uhr der Ball vor der St.-Magnus-Kathedrale in die Menge geworfen wird, beginnt ein wildes Spektakel.

„FOR THE ISLANDS I SING"

Vor allem die Erzähltradition der Wikinger hatte es dem größten Barden der Orkneys, George Mackay Brown (1921

Felder ziehen sich bei Norwood auf Mainland-Orkney bis an den Küstensaum.

Mächtige Stützen rhythmisieren den Innenraum der St.-Magnus-Kathedrale (oben) in Kirkwall, der Hauptstadt von Mainland-Orkney. Eine typische Bauernhausbauweise weist das Haus bei Boddam auf Mainland-Shetland auf.

An der bedeutenden Ausgrabungsstätte Skara Brae auf Mainland-Orkney wird die Lebensweise des prähistorischen Menschen vor Augen geführt, bis hin zu Feuerstelle und „Mobiliar“.

Special RING OF BRODGAR

Neolithisches Monument

Einige umgefallene Steine wurden im Ring of Brodgar wieder aufgerichtet.

Eines der vielen Zeugnisse der ausgehenden Jungsteinzeit auf Mainland-Orkney ist der Ring of Brodgar. Die im 18. Jahrhundert aufgekommene Bezeichnung „Tempel der Sonne“ verweist wohl auf die astronomische Bedeutung, die der Steinkreis einst vielleicht hatte.
Ursprünglich bestand der Ring of Brodgar aus 60 Megalithen, von denen nur noch ein Teil erhalten ist. Die 2 bis 4,5 Meter hohen Steine waren in einem perfekten Kreis von knapp 104 Meter Durchmesser angeordnet und von einem massiven Graben umgeben. Zwei Lücken im Nordwesten und Südosten markieren die Eingänge. Vermutet wird, dass der Steinkreis zwischen 2500 und 2000 v. Chr. errichtet wurde. Er ist nach Avebury und Stanton Drew in England der drittgrößte seiner Art in Großbritannien und bildet das Herzstück des als UNESCO-Welterbe ausgezeichneten neolithischen Monuments.

bis 1996), angetan. Über die Jahre erwiesen sich seine literarischen Vorlagen zudem als Inspiration für einige der besten Arbeiten des Komponisten (und seit 2004 Master of the Queen's Music) Peter Maxwell Davies, der Orkney seit fast 40 Jahren zu seiner Heimat gemacht hat. Seine Werke trugen ihm Vergleiche mit Schostakowitsch und Sibelius ein – und er dürfte weltweit der einzige Kommunist sein, der zugleich ein königlicher Hofmusikant ist.

Neben Literatur und klassischer Musik sind die nordischen Inseln vor allem für ihre Fiddle-Musik berühmt. Ihr Doyen ist der 1946 in Lerwick geborene Aly Bain. Seit 1988 bildet er mit dem schottischen Akkordeonmeister Phil Cunningham ein Duo, das sich zum erfolgreichsten Botschafter der schottischen Folk-Musik gemausert hat. Heute

Literaten und Musiker von den Inseln bereichern das britische Kulturleben.

sind es eben nicht mehr die Wikinger, die von den nordischen Inseln aus erobern und plündern, heute bereichern die Literaten und Musiker der Orkney- und Shetland-Inseln das britische Kulturleben mit ihrer vitalen Tradition und Kreativität.

Maßstab 1:750.000
0
10km
Orkney Islands
01
02
Mull Head
Papa Westray
North Ronaldsay
Noup Head
Knap of Howar
Noltland Castle
Pierowall
169
Westray
The North Sound
North Ronaldsay Firth
Northwall
Start Point
Midbea
Rapness
Calf of Eday
Scar
Sanday
Westray Firth
Carrick Ho
66
Kettletoft
Braeswick
Quoyness Cairn
Faray
Eday
Sanday Sound
Rousay
Wasbister
250
St. Magnus Church
Brough of Birsay
Brinian
Egilsay
Backaland
Whitehall
Brough Head
Broch of Gurness
Blockhammer Cairn
Aith
Stronsay
Marwick Head Nature Reserve
The Barony
Georth
966
Wyre
Stronsay Firth
Twatt
Rothiesholm
967
Dounby
Tingwall
Gairsay
Edmonstone
Carrigal Farm Museum
Skara Brae
Aith
Balfour
Standgarth
Shapinsay
Auskerry
Yesnaby
Loch of Harray
Wide Firth
Loch of Stennes
Finstown
Shapinsay Sound
Ring of Brodgar
965
Kirkwall
Standing Stones of Stenness
Maes Howe
226
Highland Park Distillery
Stromness
Unston Cairn
Ward Hill
960
Mull Head
Graemsay
269
Orphir
Gritley
Linksness
Houton
100
481
Round Church
German High Seas Fleet
St. John's Head
Ward Hill
Cava
St. Mary's
Copinsay
Old Man of Hoy
Dwarfie Stane
Scapa Flow
Italian Chapel
Rora Head
Fara
Burray
Lyness
Flotta
18
Bow
St. Margaret's Hope
Howe of Hoxa
Hoy
154
Longhope
103
South Ronaldsay
Melsetter
South Walls
961
Swona
Tomb of the Eagles
Burwick
Pentland Firth
Island of Stroma
Dunnet Head
Castle of Mey
114
Scarfskerry
Duncansby Head
Point
Dunnet
836
Mey
Huna
John o'Groats
St. Mary's Chapel
Scrabster
Dunnet Bay
Dounreay
836
Thurso
Castletown
Freswick
Portskerra
Melvich
Buldoo
Reay
9
Nybster
Loch Calder
Braal Castle
Roadside
Calder Mains
Halkirk
Loch Watten
Kirk
Sinclair's Bay
99
Halladale River
882
Dalhaivaig
290
176
Olgrinmore
Watten
Noss Head
23
Thurso
Keiss
62
Castle Girnigoe and Sinclair
Mybster
Westerdale
38
Wick
Altnabreac Station
Castle of Old Wick
897
Cairns of Camster
Forsinard
Thrumster
Dalnawillan Lodge
Achavanich
Ulbster
Glutt Lodge
268
Lybster
99
Stone Rows
Clann Gunn Museum
Kinbrace
Latheron
Morven
705
Braemore
Dunbeath
Langwell Gardens
Kildonan Lodge
Berriedale

Muckle Flugga
Herma Ness
Lamba Ness
285
Burrafirth
Norwick
Haroldswick
Baltasound
Unst
968
Cullivoe
Belmont
Muness Castle
Uyeasound
Gutcher
Uyea
Point of Fethaland
Lumbister Reserve
Oddsta
Fetlar Reserve
Fetlar
Yell
Brough Lodge
North Roe
968
Mid Yell
Houbie
Funzie
North Roe
West Sandwick
Hascosay
Yell Sound
Otterswick
Colgrave Sound
Ronas Hill
449
166
Ollaberry
Bigga
Burravoe
Esha Ness
Stenness
Hillswick
Ulsta
Old Haa
Gate of Giants
Toft
970
Sullom Voe Oil Terminal
Saint Magnus
Laxobigging
Hamnavoe
Out Skerries
Busta House
968
Brae
Skaw
Muckle Roe
Hillside
Laxo
Vidlin
Papa Stour
Bay
Swarbacks Minn
Vementry
Papa Little
Voe
Whalsay
Symbister
Shetland Islands
Melby Ho
249
971
West Burrafirth
281
970
Neap
Brettabister
Erne's Stack
Dale
Mainland
Bixter
Wats Ness
Bridge of Walls
Tresta
Walls
971
Vaila
Culswick
Veensgarth
Heogan
Bressay
Foula
418
Ham
The Deeps
Scalloway
Broch
Lerwick
Isle of Noss
Kirkabister
Hamnavoe
Orkneyman's Cave
Quarff
Bard Head
East Burra
West Burra
Royl Field
03
Kettla Ness
293
970
Mousa
Clift Sound
Mousa Broch
Sandwick
St. Ninian's Isle Church
Levenwick
Skelberry
Croft House Museum
283
Toab
Fitful Head
Grutness
Braer (Oil Tanker Wreck)
Jarlshof
Sumburgh Head
04

In Skandinaviens Nachbarschaft

Steinzeitliche Zeugen von Skara Brae bis zum Ring of Brodgar, Sagas und Wikingerbräuche, zerklüftete Küsten und steile Klippen – die Orkney- und Shetland-Inseln bereichern das Schottlanderlebnis mit skandinavisch anmutendem Kolorit. Ihr Besuch ist ein Muss für archäologisch Interessierte, aber auch für Natur- und Kulturfreunde, die das etwas andere, das „skandinavische Schottland" im Norden nicht verpassen wollen.

Farmmarkt bei Quoyburray (Mainland-Orkney), eine willkommene Abwechslung im Inselalltag

01 KIRKWALL, MAINLAND-ORKNEY

Die Hauptstadt von Orkney liegt am Nordufer von Mainland, der größten Orkney-Insel. Für Besucher ist das im 11. Jh. von den Norwegern gegründete Kirkwall mit seinen etwa 7000 Einwohnern eine Kleinstadt im Schatten der St.-Magnus-Kathedrale – für die auf den verstreuten Inseln lebenden Orcadians ist es das Zentrum ihrer Welt. Erstmals erwähnt wurde Kirkwall in der um das Jahr 1200 auf Island entstandenen Wikingersaga Orkneyinga Saga – als Kirkjuvagr (Kirchenbucht).

Sehenswert

Die ältesten Ruinen der Stadt sind die Reste des **Bishop's Palace** am Watergate (12. Jh.) und die **Old Kirkwall Grammar School** in der Broad Street aus dem 16. Jh. Aus der Renaissance stammen die Ruinen des in den Jahren 1600 bis 1607 errichteten **Earl's Palace,** die Earl Patrick Stewart gegenüber dem Bishop's Palace errichten ließ. Mit dem Bau der **St. Magnus Cathedral** wurde im Jahr 1137 unter Jarl Ragnvald-Kali, dem Neffen von Jarl (und später St.) Magnus, begonnen; gegen Ende des 15. Jh. war das in rotem Sandstein gehaltene, 75 m lange Gotteshaus fertiggestellt. Im **St. Magnus Centre** kann man sich über die Geschichte der Kathedrale und das Leben des heiligen Magnus informieren (April–Sept. Mo. bis Sa. 9.00–18.00, So. 14.00–18.00, Okt.–März Mo.–Sa. 9.00–13.00 und 14.00–17.00 Uhr).

Museum

Im Tankerness House aus dem frühen 16. Jh. findet man heute das **Orkney Museum** u.a. mit Objekten, die John Rae von seinen Arktis-Expeditionen mitgebracht hat (Mo.–Sa. 10.30 bis 17.00, Mai–Sept. auch So. 14.00–17.00 Uhr).

Umgebung

Die 1999 entdeckte unterirdische Kammer von **Mine Howe** mit 29 Treppenstufen ist ein Rätsel der Eisenzeit (im Mai So. u. Mi. 11.00–15.00, Juni–Aug. tgl. 11.00–17.00, Sept. So. u. Mi. 11.00–14.00 Uhr). 16 km südwestl. führt das **Orkneyinga Saga Centre** in Orphir in die Wikingersaga ein (tgl. 9.00–17.00 Uhr).

Information

Kirkwall Tourist Information Centre,
6 Broad Street, GB-Kirkwall KW15 1DH,
www.visitorkney.com

02 STROMNESS, MAINLAND-ORKNEY

Stromness, 16 km westl. von Kirkwall an der Westküste der Orkney-Insel Mainland gelegen, ist der Haupthafen der Orkneys mit heute etwa 2500 Einwohnern. Die Stadt verdankt ihren Aufstieg der Hudson's Bay Company, die seit dem späten 17. Jh. hier eine Zweigniederlassung unterhielt. Ab dem 18. Jh. wurde Stromness letzte Station zur Verpflegungsaufnahme für die Walfangflotten, die vor Grönland und Neufundland auf Fang gingen. Hier legt heute die Fähre von Thurso/Scrabster an.

Museum

Im **Stromness Museum** in der Alfred Street wird das maritime Erbe der Stadt und der Orkneys lebendig (Okt.–April Mo.–Sa. 10.00–17.00, Mai–Sept. auch So. 10.30–12.30 und 13.30 bis 17.00 Uhr). Zum Kontrast lohnt ein Besuch im Piers Arts Centre in der Victoria Street, das der Stadt von der Sammlerin Mary Gardiner (1904 bis 2005) vermacht wurde. Es zeigt u.a. Werke von Barbara Hepworth, Ben Nicholson und Naum Gabo (www.pierartscentre.com).

Veranstaltung

Am 1. Weihnachtstag und an Neujahr finden die **Ba'Games** in Mainland-Orkney statt, ein Spektakel durch die ganze Stadt.

Umgebung

Maes Howe ▶TOPZIEL zwischen Kirkwall und Stromness ist das am besten erhaltene spätsteinzeitliche (ca. 2700 v. Chr.) Kammergrab Westeuropas (April–Sept. tgl. 9.30–18.30, Okt.

Tipp

Besuch in der Steinzeit

Das Steinzeitdorf von Skara Brae, etwa 16 km nördl. von Stromness auf der Orkney-Insel Mainland gelegen, ist die bedeutendste, erst 1850 von einem Sturm freigelegte prähistorische Stätte der Region. Vermutlich war sie in den Jahren 3200 bis 2200 v. Chr kontinuierlich bewohnt.

April–Sept. tgl. 9.30–16.30, Okt–März Mo.–Sa. 9.30–16.30, So. 14.00–16.30 Uhr

Tipp

Kurzflug-Rekord

Der kürzeste Linienflug der Welt dauert ganze zwei Minuten: Loganair fliegt zweimal täglich, wenn die Wetterbedingungen es erlauben, zwischen den Orkney-Inseln Westray und Papa Westray (Papay). Am Loganair-Schalter in Kirkwall erhalten alle, die den Kurzflug buchen, eine Urkunde.

Loganair, Tel. 01856/872494, www.loganair.co.uk

bis März Mo.–Sa. 9.30–16.30 Uhr). Die **Standing Stones of Stenness** und der **Ring of Brodgar** gehören zum Welterbe der UNESCO. Der **Broch of Gurness** bei Evie Village ist ein Wehr- und Wohnturm aus dem 1. Jh. v. Chr. Auf der Nachbarinsel Hoy ist vor allem die Felsnadel des 137 m aus dem Meer ragenden **Old Man of Hoy** faszinierend. Auf Lamb Holm bauten italienische Kriegsgefangene 1943 eine kleine, dekorativ ausgeschmückte Kapelle (**Italian Chapel**). Auf der Orkney-Insel Egilsay wurde im Jahr 1115 St. Magnus ermordet – ihm ist die im irischen Stil erbaute **St. Magnus Church** gewidmet.

Auf **Westray** ist im Westray Heritage Centre die „Orkney Venus" zu bestaunen, eine winzige Frauenfigurine („Westray Wife"). Diese älteste Skulptur einer menschlichen Gestalt in Schottland ist ein Fund vom Sommer 2009 (Mai–Sept. Di.–Sa. 10.00–12.00, 14.00–17.00, So. 13.30 bis 17.30, Mo. 11.30–17.00 Uhr)

Information

Stromness Tourist Information Centre, Ferry Terminal Building, The Pier Head, GB-Stromness KW16 3AA, www.visitorkney.com

03 LERWICK, MAINLAND-SHETLAND

Wie die Hauptinsel der Orkneys heißt auch die der Shetland-Inseln Mainland. Lerwick (etwa 8000 Einw.) ist dort die nördlichste Stadt Großbritanniens. Von holländischen Fischern im 16. Jh. gegründet, blieb Fischfang bis heute eine der Haupterwerbsquellen der Stadt – neben der Versorgung der Nordsee-Ölbohrinseln.

Museum

Das **Shetland Museum and Archives** am Hay's Dock informiert über die Inseln (www.shetland-museum.org.uk).

Erleben

Up Helly-Aa ▶**TOPZIEL** am letzten Di. im Jan. ist ein spektakuläres Feuerfest, das das Herz jedes Wikingerfreundes höher schlagen lässt. Das **Shetland Folk Festival** Anfang Mai und das Accordion & Fiddle Festival im Oktober stehen bei Folk-Freunden hoch im Kurs; Sessions erlebt man am ehesten in The Lounge Bar (Mounthooly St.).

Umgebung

Der **Broch of Clickimin** am gleichnamigen See, nur 2 km südwestl. von Lerwick gelegen, ist ein hervorragend erhaltener, 3000 Jahre alter Rundturm. Die **Isleburgh Exhibition of Shetland Crafts and Culture** im Isleburgh Community Centre ist eine Rekonstruktion eines Crofthouse mit Ausstellung und Vorführungen. Außerdem werden hier alte Filme gezeigt und traditionelle Konzerte veranstaltet (Mai–Sept. Mi. und Fr. 19.00–20.30 Uhr, Tel. 01595/692114). Patrick Stewart ließ sich im Jahr 1600 **Scalloway Castle** bauen, dessen Ruine noch heute über dem Hafen von Scalloway thront. Daneben verkauft die **Shetland Woollen Company** ihre Produkte (das Castle ist während der Geschäftsstunden der Company Mo.–Sa. 9.30–17.00 Uhr geöffnet, So. gibt's den Schlüssel im Scalloway Hotel). Das **Shetland Textile Working Museum** in Weisdale zeigt die Geschichte der Textilindustrie in Shetland (Di.–Sa. 10.30–16.30, So. 12.00–16.30 Uhr); Strick- und Spinn-Workshops können arrangiert werden (Tel. 01595/830419). **Sullom Voe** an einem tief eingeschnittenen Fjord, der das Mainland von North Roe trennt, ist Europas größter Ölhafen. Auf der Shetland-Insel **Yell** ist das Old Haa Visitor Centre im Old Haa of Burravoe untergebracht, dem ältesten Gebäude der Insel (1672). Es zeigt Kunsthandwerk, alte Fotos und Augenzeugenberichte des Unglücks der deutschen „Bohus", die 1924 vor der Insel auf Grund lief (Mai–Sept. Di.–Do. und Sa. 10.00 bis 16.00, So. 14.00–17.00 Uhr). Auf **Unst**, der nördlichsten Shetland-Insel, lohnt ein Besuch im Unst Heritage Centre in Haroldswick (Mai bis Sept. tgl. 13.30–17.00 Uhr).

Information

Lerwick Tourist Information Centre, Market Cross, GB-Lerwick ZE1 0LU, www.visitshetland.com

Hillswick Hotel an der Westküste von Mainland-Shetland in traditioneller Holzbauweise

04 SUMBURGH, MAINLAND-SHETLAND

Ein kleiner Flughafen, ein Hotel und viel Archäologie: Das findet man am Sumburgh Head, am Südzipfel der Shetland-Insel Mainland.

Sehenswert/Museum

Sir Walter Scott gab der Siedlung in seinem Roman „Der Pirat" den Namen **Jarlshof**. Doch zu seiner Zeit war nur das Old House of Sumburgh, der Landsitz des berüchtigten Patrick Stewart aus dem 17. Jh., zu sehen. Erst ein Sturm legte im späten 19. Jh. die Anlage frei: Rundhäuser aus der Bronze- und Eisenzeit, Langhäuser der Wikinger und ein Bauernhof aus dem 16. Jh. Gegenüber dem Flughafen von

DuMont Aktiv

Fangfrisch von Orkneys Küste

Sumburgh gelegen, ist der Jarlshof die bedeutendste Sehenswürdigkeit der Shetland-Inseln. Über 4000 Jahre Siedlungsgeschichte werden im Museum anschaulich dargestellt (April bis Sept. tgl. 9.30–18.30 Uhr). Das **Croft House Museum** bei Dunrossness gibt in einem sehr sorgsam restaurierten, reetgedeckten Inselbauernhof Einblicke in das ebenso einfache wie ursprüngliche Landleben des 19. Jh. (Mai–Sept. tgl. 10.00–13.00, 14.00–17.00 Uhr).

Umgebung

Gleich beim Flughafen werden der **Scatness Broch** und ein Dorf aus der Eisenzeit ausgegraben – mit Ausstellung und historischen Vorführungen (Juli–Aug. Mo.–Do. 10.00–17.00, Sa. und So. 10.30–17.30 Uhr – sonst nach vorheriger Anfrage, Tel. 01595/69 46 88). Dass das Öl nicht nur Wohlstand für die Inseln bringt, sondern auch Gefahren birgt – dafür ist das Wrack der 1993 gestrandeten **Braer** westlich von Sumburgh eindringliche Mahnung. Die liebevoll restaurierte **Quendale Water Mill** bei Dunrossness hat ein Visitor Centre und ein Café (April bis Okt. tgl. 10.00–17.00 Uhr). Gegenüber von Sandwick liegt die kleine Insel **Mousa** mit dem eisenzeitlichen Mousa Broch, dem in ganz Schottland besterhaltenen Wohn- und Wehrturm der Pikten. Auf der **Fair Isle,** knapp drei Fährstunden südlich von Sumburgh, gründete George Waterson 1948 die berühmte Vogelwarte. Das George Waterson Memorial Centre and Museum informiert über Lokal- und Naturgeschichte, zeigt archäologische Funde, vor allem aber die berühmten Strickmuster der Insel (Mai–Sept. Mo. 14.00–16.00, Mi. 10.30–12.00, Fr. 14.00–16.00 Uhr, sonst nur nach Voranmeldung, Tel. 01595/76 02 44).

Information

Sumburgh Airport Tourist Information, Sumburgh Airport, GB-Sumburgh ZE3 9JP, www.visitshetland.com

Tour zur (Vor-)Geschichte

Die Hauptinsel der Orkneys, Mainland, ist perfektes Terrain für Radfahrer. Eine Tagestour führt über 30 Kilometer, von Stromness nach Birsay: vorbei am Unstan Chambered Cairn über Maes Howe zu den Standing Stones von Stenness, dem Ring of Brodgar und zur Steinzeitsiedlung von Skara Brae.

Man muss kein Archäologe oder Frühgeschichtler sein, um von prähistorischen steinernen Zeugen auf Orkney fasziniert zu sein. Und wie könnte man sie besser und ungestörter erleben als auf einer Radtour? Ausgangspunkt ist die Hafenstadt Stromness, von wo aus man sich in Richtung Kirkwall nach Norden auf den Weg macht. Gleich nach der Brücke von Waithe sieht man links die Unstan-Grabkammer. Es geht weiter in Richtung Kirkwall bis zur Tormiston Mill. Ein kleiner Fußmarsch führt zur 5000 Jahre alten Grabkammer von Maes Howe mit ihren Wikinger-Runen. Man nimmt dann den Weg zurück in Richtung Stromness bis zur Abzweigung, folgt nach rechts zum Ring of Brodgar.

Manchmal wird's etwas rumpelig.

IMPONIERENDE STEINE

Zur Rechten grüßen die Hinkelsteine – die Standing Stones of Stenness und die steinzeitliche Barnhouse-Siedlung. Nach einer weiteren Meile kommt man zum Ring of Brodgar, einem der eindrucksvollsten Steinkreise, nicht nur auf Orkney. Wenn man sich sattgesehen hat, geht's wieder in den Sattel und zunächst ab in Richtung Bay of Skaill zum berühmten Steinzeitdorf von Skara Brae, dann durch die sanften Hügel von Marwick dem Ziel in Birsay entgegen. Jenseits davon führt ein schmales Sträßchen zu der Gezeiteninsel Brough of Birsay mit einer piktischen und norwegischen Siedlung, die bei Ebbe besucht werden kann.

WEITERE INFORMATIONEN

Radverleih:
Cycle Orkney,
Tel. 01856/87 57 77,
www.cycleorkney.com
oder
Orkney Cycle Hire,
Tel. 01856/85 02 55,
www.orkneycyclehire.co.uk

Gut zu wissen:
In Skara Brae informiert ein Besucherzentrum ausgezeichnet über die prähistorische Lebensweise.

Weitere Routenvorschläge:
... unter: www.visitorkney.com/cycling.asp

Service

Schottisches (Ost-)Küsten-Idyll an der Cruden Bay

ANREISE

Mit dem Auto: entweder die Landstrecke via Eurotunnel zwischen Calais und Folkestone bzw. Fähre von Holland, Belgien oder Frankreich, und dann durch England; besonders bequem per Fähre von Rotterdam nach Hull oder Newcastle, mit DFDS Seaways (www.dfds.de, Tel. 01805/304350) von Amsterdam nach Newcastle, und dann die relativ kurze Strecke (eine Autostunde) durch Nordengland, oder mit der Norfolkline-Direktfähre von Zeebrügge nach Rosyth/Edinburgh (www.ferryconsult.de).
Mit dem Bus: Info bei Deutsche Touring GmbH, Am Römerhof 17, 60486 Frankfurt/M, Tel. 069/79 03 50 (www.deutsche.touring.com); Transline Bus GmbH, Hansaring 26, 48268 Greven, Tel. 02571/23 21, www.Translineuk.com.
Mit der Bahn: via Eurotunnel oder per Bahn/Fähre über Hoek van Holland–Harwich bzw. Ostende–Dover über London (King's Cross und Euston) per InterCity nach Edinburgh, Glasgow, Aberdeen, Inverness ... Frühbucher sparen beträchtlich. Rückfahrkarten im Land kosten nur einen Hauch mehr als einfache Tickets (www.firstgroup.com/scotrail/).
Mit dem Flugzeug: Es gibt eine Reihe von Direktverbindungen nach Edinburgh und Glasgow bzw. Glasgow Prestwick von Berlin, Düsseldorf, München, Köln/Bonn, Bremen, Dortmund; sonst über London, Manchester oder Birmingham. Britische Fluglinien sowie regionale Anbieter (z. B. Loganair) fliegen zu den kleinen Flughäfen u.a. auf den Hebriden, Orkney und Shetland (www.visitscotland.com).

AUSKUNFT

In Deutschland: VisitBritain, Hackescher Markt 1, D-10178 Berlin, www.visitbritain.com und www.visitbritaindirect.com
In Österreich: British Council Infocentre Vienna, Siebensterngasse 21, A-1070 Wien, Tel. 015 33 26 16 70, www.britishcouncil.org/austria, www.visitbritain.at

Bequem per Autofähre über den Kanal

In der Schweiz: www.visitbritain.ch
Vor Ort: In Schottland gibt es ein dichtes Netz von Tourist Information Offices (siehe Infos der einzelnen Kapitel). Zur ersten Orientierung: Edinburgh and Scotland Information Centre, 3 Princes Street, GB-Edinburgh EH2 2QP, Tel. 0845/2 25 51 21, www.visitscotland.com.
Internet: www.undiscoveredscotland.co.uk – Website mit detaillierten Infos; www.visitscotland.com – übersichtlich gestaltetete offizielle Tourismus-Website, auch in Deutsch.

AUTOFAHREN

Linksverkehr ist anfangs etwas gewöhnungsbedürftig, vor allem beim Überholen. Höchstgeschwindigkeit innerhalb geschlossener Ortschaften ist 30 mph (48 km/h), auf Landstraßen 60 mph (97 km/h) und auf Autobahnen und Dual Carriageways (doppelspurigen Straßen) 70 mph (113 km/h). Einfache gelbe Linien am Straßenrand bedeuten Park-, doppelte gelbe Linien Halteverbot. Für den Fall eines Falles ist die Grüne Versicherungskarte erforderlich.

ELEKTRIZITÄT

Wechselstrom mit 240 Volt. Für Elektrogeräte mit 220 Volt benötigt man aber einen Adapter für die britischen Dreipolsteckdosen.

FEIERTAGE

In Schottland werden die meisten Feiertage nur von Banken und Behörden eingehalten. Wirkliche Feiertagsruhe gibt es am 1. Weihnachtsfeiertag und am Neujahrstag. Seit 2006 ist auch der St. Andrew's Day am 30. November ein nationaler Feiertag.

GELD

Ein Pfund Sterling (£) sind 100 Pence (p). Es gibt Münzen zu 1, 2, 5, 10, 20 und 50 p. sowie zu £1 und £2, außerdem Scheine zu 5, 10, 20 und 50 Pfund. Schottland hat zusätzlich eigene Banknoten (Bank of Scotland, Royal Bank of Scotland, Clydesdale Bank), die man vor Ort wieder ausgeben sollte. Bequeme Zahlungsmittel sind die gängigen Kreditkarten. An sehr vielen Bankomaten erhalten Sie mit Ihrer Bankkarte und PIN Bargeld; manchmal, das ist allerdings teuer, auch mit der Kreditkarte. Reiseschecks werden von allen Banken (Mo.–Fr. 9.30 bis 16.30 Uhr) gewechselt. Viele High Street Shops und die großen Kaufhäuser akzeptieren Euro. Kreditkartenverlust sofort melden: Tel. 0049/69 116 116 bzw. 0049/116 116.

GESUNDHEIT

EU-Bürger werden im Notfall vom National Health Service (NHS) kostenlos behandelt. Die europäische Krankenversicherungskarte ist empfehlenswert.

MIETWAGEN

Erhält man an allen größeren Orten über die bekannten internationalen sowie über lokale

Geschichte

ca. 7000–5000 v. Chr. Früheste Siedlungen der Jäger und Sammler. Die Zuwanderung aus dem Mittelmeerraum bis etwa 2000 v. Chr. bringt Ackerbau und Viehzucht – Zeugnisse existieren beispielsweise auf Orkney (Skara Brae, Maes Howe, Ring of Brodgar) und Lewis (Callanish).

ca. 1000 v. Chr. Kelten kommen vom Kontinent (Brochs, Crannogs, Hill Forts).

80–82 n. Chr. Römer versuchen vergeblich, Schottland zu erobern.

ab dem Jahr 122 Bau des Hadrianswalls. Zwischen 142 und 185 markiert der Antonine Wall zwischen dem Firth of Forth und der Clyde-Mündung die römische Nordgrenze.

bis 410 n. Ch. Der Rückzug der Römer aus Britannien ist komplett.

5./6. Jh. Christianisierung Schottlands durch St. Ninian (Whithorn) und St. Kolumban (Iona).

ab 8. Jh. Es ereignen sich zunehmend Raubzüge der Wikinger, die sich auch auf den Inseln und an den Küsten der Highlands niederlassen.

843 Kenneth MacAlpin vereinigt Schotten und Pikten zum Königreich Alba (Schottland).

um 1300 Schottische Unabhängigkeitskriege gegen englische Angriffe Edwards I. unter William Wallace und Robert the Bruce. Entscheidungsschlacht von Bannockburn 1314 und Declaration of Arbroath 1320.

1513 Verheerende schottische Niederlage gegen die Engländer bei Flodden – Tod von James IV.

1542 Krönung der minderjährigen Maria Stuart.

1560 John Knox vollendet die schottische Reformation – Schottland wird presbyterianisch.

1603 Union of Crowns – der schottische König James VI. wird als James I. des Vereinigten Königreichs gekrönt.

1688 Glorreiche Revolution in England setzt James II. ab – Beginn der Jacobite Rebellions zur Restauration der Stuart-Linie auf dem britischen Thron.

1707 Union of Parliaments – Auflösung des schottischen Parlaments, die Geburtsstunde von Great Britain.

1745/46 Die letzte Rebellion unter Bonnie Prince Charlie endet mit der Niederlage bei Culloden. In der Folge Zerschlagung der Hochland-Clans.

18. Jh. Schottische Aufklärung – David Hume, Adam Smith, Adam Ferguson – und literarische Blüte – Allan Ramsay, Robert Fergusson, Robert Burns.

Ende 18./Anfang 19. Jh. Lowland und Highland Clearances, Massenauswanderung, Industrialisierung und Urbanisierung der Lowlands.

1822 Der Besuch König Georgs IV. in Edinburgh wird unter Walter Scotts Regie zur Tartanorgie – Sir Walter Scott erfindet in seinen Waverley-Romanen das romantische Schottlandbild.

1885 Einrichtung eines Schottlandministeriums.

1920er- und 1930er-Jahre Schottische Kulturrenaissance um die kontroverse Figur von Hugh MacDiarmid.

1934 Schottische Nationalpartei (SNP) wird gegründet.

1989–1995 Scottish Constitutional Convention erarbeitet die Grundlage für ein Schottisches Parlament.

1997 Schotten sprechen sich in einem Referendum mit überwältigender Mehrheit für die politische Autonomie ihres Landes aus.

1999 Nach 292 Jahren wird wieder ein schottisches Parlament gewählt.

2004 Neues Parlamentsgebäude in Edinburgh eröffnet.

2007 Jubiläum: 300 Jahre anglo-schottische Union. Scottish National Party (SNP) gewinnt Wahlen und bildet Minderheitsregierung. Der Schotte Gordon Brown (Labour) wird britischer Premierminister.

2009 In diesem Jahr wird der 250. Geburtstag des Nationalbarden Robert Burns gefeiert, am 25. Januar.

2010 New Labour verliert bei den Parlamentswahlen; Konservative und Liberale bilden eine Regierungskoalition.

Anbieter. Der nationale Führerschein wird akzeptiert.

NOTRUF

Polizei, Rettungsdienste und Feuerwehr
Tel. 999

POST

Briefmarken gibt es in allen schottischen Postämtern und in vielen Geschäften – Karten und Standardbriefe (bis 20 g) in die europäischen Nachbarländer kosten 44 Pence. Postämter sind in der Regel Mo.–Fr. 9.00–17.30, Sa. 9.00 bis 12.30 Uhr geöffnet.

RESTAURANTS

Nach einem kräftigen schottischen Frühstück reicht mittags meistens ein Snack. Restaurants sind in Schottland abends teurer als zu Mittag.

Borders/Dumfries & Galloway

€€ **The Ship,** Harbour St, Eyemouth, GB-Berwickshire TD14 5HT, Tel. 018907/50 22 44 – Ales von der Hadrian und Borders Brewery sowie schmackhafte Pub-Mahlzeiten mit viel Fisch.

Glasgow und Edinburgh

€€/€€€ **The Ubiquitous Chip,** 12 Ashton Lane, GB-Glasgow, G12 8SJ, Tel. 0141/3 34 50 07, www.ubiquitouschip.co.uk – ausgezeichnet.

€€ **Two Fat Ladies,** 88 Dumbarton Rd, GB-Glasgow G2 4EG, Tel. 0141/3 39 19 44, www.twofatladies.5pm.co.uk – vorzügliches Fischrestaurant.

€ **The Village Curry House,** 129 Nelson St, GB-Glasgow G5 8DZ, Tel. 0141/4 29 46 10 – Glasgow und Curry gehören zusammen wie Neapel und Pasta, hier frisch zubereitet.

€€€ **Oloroso,** 33 Castle St, GB-Edinburgh, EH2 3DN, Tel. 0131/2 26 76 14 (www.oloroso.co.uk) – Gourmet Cuisine in postmodernem Designer-Restaurant mit tollem Blick auf das Castle und über den Firth of Forth.

€€ **The Tass,** 1 Jeffrey St/Royal Mile, GB-Edinburgh, EH1 1SR, Tel. 0131/5 56 63 38 – schmackhafte Pub-Mahlzeiten mit frischen Produkten aus der Region.

Lowlands

€€€ **Champany Inn,** GB-Linlithgow EH49 7LU, Tel. 01506/83 45 32, www.champany.com – eine der besten Adressen.

€€€ **The Vine Leaf,** 131 South St, GB-St. Andrews KY16 9UN, Tel. 01334/47 74 97, www.vineleafstandrews.co.uk – Wild, Fleisch, Fisch oder vegetarisch Restaurant der Spitzenklasse.

€€/€€€ **The Creel,** The Harbour, 25 Lamer St, GB-Dunbar EH42 1HG, Tel. 01368/86 32 79, www.creelrestaurant.co.uk – hervorragende, erschwingliche Regionalküche.

€ **Anstruther Fish Bar,** Shore St, Anstruther, GB-Fife KY10 3AQ, Tel. 0133/31 05 18, http://anstrutherfishbar.com – ausgezeichnet.

€ **Fisherman's Tavern,** 12 Fort St, Broughty Ferry, GB-Dundee DD5 2AD, Tel. 01382/77 59 41, www.fishermans-tavern-hotel.co.uk – eine der besten Real Ale Bars weit und breit, mit überdurchschnittlichen Pub-Mahlzeiten.

Highlands

€€€ **River House Restaurant,** 1 Greig St, GB-Inverness IV3 5PT, Tel. 01463/22 20 33 – Fisch, Wildspezialitäten aus den Highlands.

€€ **Crannog Restaurant,** Town Pier, GB-Fort William PH33 7PT, Tel. 01397/70 55 89, www.oceanandoak.co.uk – mit angegliedertem Räucherhaus, Seafood-Spezialist, auch Beef ...

€ **The Coach House,** Luss, GB-Loch Lomond G83 8NN, Tel. 01436/86 03 36, www.lochlo

Service

Preiskategorien

€€€€	Hauptspeisen	über 20 €
€€€	Hauptspeisen	15–20 €
€€	Hauptspeisen	10–15 €
€	Hauptspeisen	5–10 €

mondtrading.com – schottische Kost perfekt zubereitet, Kuchen sind hier eine Spezialität.

€ **The Old Inn,** Gairloch, GB-Ross-shire IV21 2BD, Tel. 01445/71 20 06, www.theoldinn.net – als „Seafood Pub of the Year" ausgezeichnet.

Hebriden

€€€ **Three Chimneys Colbost,** Dunvegan, GB-Skye IV55 8ZT, Tel. 01470/51 12 58, www.threechimneys.co.uk – Eddie and Shirley Spear betreiben eines der berühmtesten Restaurants in ganz Schottland: Skye Seafood, Wildbret, Suppen wie bei Muttern – eine kleine kulinarische Offenbarung.

Orkney & Shetland

€€/€€€ **Busta House,** Busta, GB-Shetland ZE2 9QN, Tel. 01806/522506, www.busta house.com – in der Busta Lounge vorzügliches à la carte Menü, im Pitcairn Room ein exquisites Dinner-Menü, mit den besten regionalen Zutaten.

€ **The Mustard Seed Café,** 65 Victoria St, Kirkwall, GB-Orkney KW15 1DN, Tel. 01856/87 90 15 – beliebtes Café mit Homemade Soups.

SPORT

Golf ist Volkssport mit mehr als 500 Plätzen (http://golf.visitscotland.com), Wandern, Radfahren, Klettern, Gleitfliegen, Reiten, Wintersport, Segeln, Surfen, Tauchen etc. – Infos bei www.scottishsport.co.uk/ und bei VisitScotland. Und wer Aktivurlaub am Wasser sucht, findet sicher etwas Passendes unter: www.adventure.visitscotland.com.

Gebäck, verlockend homemade

TELEFON

Münztelefone schlucken 10p-, 20p-, 50p- und £1-Münzen. Telefonkarten im Wert von £2, £5, £10 und £20 sind überall erhältlich. Viele Apparate akzeptieren auch Kreditkarten. Vorwahl nach Deutschland ist 0049, nach Österreich 0043, in die Schweiz 0041. Schottland hat die britische Vorwahl 0044.

TRINKGELD

In Hotels und Restaurants sowie für Taxifahrer und andere Dienstleister sind 10 bis 15 Prozent angemessen, im Pub ist Trinkgeld nicht üblich. Wichtige Pub-Etikette: Wenn man zu einer Runde eingeladen ist, sollte man sich revanchieren.

UNTERKUNFT

In den letzten Jahren hat sich der Hotelstandard in Schottland erheblich gebessert. Es gibt Unterkünfte für jeden Geldbeutel, vom einfachen Gästehaus (Bed & Breakfast/B&B) bis zum Luxushotel.
Informationen gibt es unter: www.welcomescotland.com, www.scotland.org.uk; www.hotelreviewscotland.com sowie www.destination-scotland.com

Preiskategorien

€€€€	Doppelzimmer	über 200 €
€€€	Doppelzimmer	150–200 €
€€	Doppelzimmer	100–150 €
€	Doppelzimmer	50–100 €

Borders/Dumfries & Galloway

€€€ **Churches Hotel,** Albert Rd, Eyemouth, GB-Berwickshire TD14 5DB, Tel. 01890/75 04 01, www.churcheshotel.co.uk – stilvoll mit hervorragendem Restaurant.

€€€ **Peebles Hydro,** Innerleithen Rd, Peebles, GB-Peeblesshire EH45 8LX, Tel. 01721/72 06 02, www.peebleshotelhydro.co.uk – die große alte Dame unter den Borders-Hotels, mit allem modernen Komfort. Wurde als bestes schottisches Familienhotel ausgezeichnet.

€€ **Burts Hotel,** Market Square, Melrose, GB-Roxburghshire TD6 9PL, Tel. 01896/82 22 85, www.burtshotel.co.uk – renoviertes Gasthaus (18. Jh.) mit vorzüglicher schottischer Küche.

Reisedaten

Flug von Deutschland
Von Frankfurt/M. nach Edinburgh oder Glasgow ab 180 Euro

Inlandsverkehr
Citybus Edinburgh – Glasgow ca. 9 Euro

Reisepapiere
Personalausweis oder Reisepass

Devisen
1 Pfund Sterling = 1,20 Euro (Sept. 2010)

Mietwagen
ab 30 Euro pro Tag (unbegrenzte Kilometerzahl)

Benzin
1 Liter Super bleifrei ca. 1,50 Euro

Hotel
Luxusklasse im DZ ab ca. 250 Euro, Mittelklasse ab ca. 120 Euro

Gästehaus
Einfaches DZ mit Frühstück ab ca. 60 Euro

Menü
à la carte ab 20 Euro (ohne Drinks)

Einfaches Essen
Fish & Chips (Take away) ca. 7 Euro, Tellergericht (mittags) ab 10 Euro

Ortszeit
GMT (Greenwich Mean Time = MEZ minus 1 h)

€€ **Cairndale Hotel,** English St, Dumfries, GB-Dumfries & Galloway, DG1 2DF, Tel. 01387/25 41 11, www.cairnsdalehotel.co.uk – gut ausgestattetes Hotel mit gutem Restaurant.

Glasgow

€€ **Rennie Mackintosh Hotel,** 218–220 Renfrew St, GB-Gasgow G3 6TX, Tel. 0141/3 33 99 92, www.renniemackintoshhotels.com – kleines, feines Hotel, freundlicher Service.

€ **The Merchant Lodge,** 52 Virginia St, GB-Glasgow G1 1TY, Tel. 0141/5 52 24 24, www.themerchantlodge.sagenet.co.uk – renoviertes Gebäude in der trendigen Merchant City.

Edinburgh

€€€ **Missoni Hotel,** 1 George IV Bridge, GB-Edinburgh, Lothian EH1 1AD, Tel. 0131/2 20 66 66, www.missoni.com/edinburgh – im italienischen Design, direkt an der Royal Mile.

Im Irgendwo im schottischen Norden ...

Lowlands

€€€ **Macdonald Marine Hotel & Spa,** Cromwell Rd, North Berwick, GB-East Lothian EH39 4LZ, Tel. 0870/4008129, www.macdonaldhotels.co.uk/marine – ein majestätisches Bauwerk, 2005 nach millionenschwerer Renovierung neu eröffnet – Top-Service, wundervoller Blick über den Golfplatz auf die Nordsee.

€€ **New Lanark Mill Hotel,** GB-New Lanark ML11 9DB, Tel. 01555/667200, www.newlanark.org – ehemalige Textilfabrik, Teil von Robert Owens New Lanark-Reformwerk – idyllisch im Clyde Valley gelegen.

€ **The Glebe House,** Law Rd, North Berwick, GB-East Lothian EH39 4PL, Tel. 01620/892608, www.glebehouse-nb.co.uk – georgianische Villa in parkähnlichem Garten, freundlich, komfortabel, angenehm stilvoll.

Highlands

€€€ **Loch Torridon Hotel,** Torridon, Achnasheen, GB-Wester Ross IV22 2EY, Tel. 01445/791242, www.lochtorridonhotel.com – wie ein Märchenschloss, mit berühmtem Restaurant.

€€ **Monachyle Mhor Hotel,** Balquhidder/Lochearnhead, GB-Callander FK19 8PQ, Tel. 01877/384622, www.monachylemhor.com – am Loch Voil mitten in den Trossachs – exzellente schottische und französische Küche.

€€ **Arisaig Hotel,** GB-Arisaig PH39 4NH, Tel. 01687/450210, www.arisaighotel.co.uk – ehemaliges Coachhouse an der Arisaig Bay mit Blick auf die Inseln Eigg und Muck.

€€ **The Glenelg Inn,** Genelg, GB-Kyle of Lochalsh, IV40 8J, Tel. 01599/522273, www.glenelg-inn.com – pittoreskes kleines Hotel mit Restaurant gegenüber der Insel Skye mit einem großartigen Ausblick auf den Sound of Sleat.

€€ **Applecross Inn,** Applecross, GB-Wester Ross IV54 8LR, Tel. 01520/744262, www.applecross.uk.com – ein ideales Highland-Refugium, berühmt für seine Seafood-Küche.

€€ **The Ceilidh Place,** 14 West Argyle Place, Ullapool, GB-Wester Ross IV26 2TY, Tel. 01854/612103, www.theceilidhplace.com – Kultur und Komfort in einem der originellsten Hotels der Highlands, im lebendigen Fährhafen an Schottlands Westküste.

€ **Ferry Boat Inn,** Shore St, Ullapool, GB-Wester Ross, IV26 2UJ, Tel. 01854/612366, www.

Wetterdaten

Edinburgh

	TAGES-TEMP. MAX.	TAGES-TEMP. MIN.	TAGE MIT NIEDER-SCHLAG	SONNEN-STUNDEN PRO TAG
Januar	5°	0°	17	2
Februar	7°	0°	15	3
März	8°	0°	15	4
April	10°	2°	14	5
Mai	13°	4°	14	6
Juni	16°	7°	15	6
Juli	19°	9°	17	5
August	19°	10°	16	5
September	18°	9°	16	4
Oktober	15°	6°	17	3
November	11°	3°	17	2
Dezember	7°	0°	18	1

Daten und Fakten

Geografische Lage: Schottland erstreckt sich (mit den Inseln) zwischen 55° und 61° nördlicher Breite und von 1° 50′ bis 9° westlicher Länge auf einer Fläche von 78783 km² (32 Prozent der britischen Landmasse).

Naturraum: Schottland gliedert sich in das Berg- und Hügelland der „Southern Uplands" im Süden, die Mittel- und Hochgebirge der „Highlands" im Norden und dazwischen die Senke der „Lowlands" mit den beiden tief ins Land hinein schneidenden Mündungsfjorden des Firth of Clyde und des Firth of Forth.

Politik: Schottland ist Teil des Vereinigten Königreichs, einer konstitutionellen Monarchie, hat aber seit dem Jahr 1999 sein eigenes Regionalparlament in Edinburgh, das allein zuständig ist für Justiz und Inneres, Gesundheit, Bildung, Verkehr, Umwelt und Kommunales. 2007 wurde die Schottische Nationalpartei (SNP) stärkste Partei im schottischen Parlament und bildete eine Minderheitsregierung. Sie strebt die Unabhängigkeit Schottlands als gleichberechtigter Partner in der EU an.

Bevölkerung: In Schottland leben knapp über 5 Mio. Menschen (60 Mio. im Vereinigten Königreich). Etwa 2 Prozent davon sind ethnische Minderheiten.

Religion: 42 Prozent aller Schotten bekennen sich zur etablierten Staatskirche Schottlands, der presbyterianischen Church of Scotland, 16 Prozent zur Katholischen Kirche, sieben Prozent gehören weiteren christlichen Kirchen an, knapp ein Prozent sind islamisch, fast 28 Prozent religionslos.

Sprache: Englisch ist die nahezu universelle Hauptsprache. Etwa ein Prozent der Bevölkerung spricht Gälisch (Scots Gaelic), eine keltische Sprache. Das Sprachgesetz von 2005 gibt dem Gälischen den gleichen Respekt wie dem Englischen.

Wirtschaft: Schottland hat im 20. Jh. einen radikalen Wandel vom produzierenden Gewerbe zur Dienstleistung mitgemacht. Edinburgh ist das zweitwichtigste Finanzzentrum Großbritanniens. Bedeutend sind die sogenannten Life Sciences (u.a. Biogenetik) mit Zentren in Edinburgh und Dundee. Auch „Hightech" hat sich vor allem im „Silicon Glen" in den Lowlands (z.B. Glenrothes) angesiedelt. Das wichtigste Exportprodukt ist nach wie vor der Whisky.

ferryboat-inn.com – direkt am Wasser, mit feinem Pub („FBI") – Do. Live Session.

€€€ **The Albannach Hotel,** Baddidarroch, GB-Lochinver IV27 4LP, Tel. 01571/84 44 07, www.thealbannach.co.uk – preisgekröntes kleines Hotel mit authentischer schottischer Gastfreundschaft.

€€ **Inchnadamph Hotel,** Loch Assynt, GB-Sutherland IV27 4HN, Tel. 01571/82 22 02, www.inchnadamphhotel.co.uk – idealer Ausgangspunkt für Angler und für Erkundungen im Inchnadamph-Naturschutzgebiet.

€ **Moyness House,** 6 Bruce Gardens, Inverness, IV3 5EN, Tel. 01463/23 38 36, www.moyness.co.uk – komfortables B&B in viktorianischer Villa in eigenem Park, nur wenige Minuten zu Fuß vom Stadtzentrum.

€ **Firhall Guest House,** Grant Rd, Grantown-on-Spey, GB-Morayshire PH26 3LA, Tel. 01479/87 30 97, www.firhall.com – ideal für Wanderer, die den Cairngorms-Nationalpark etwas näher erleben wollen.

€€ **Pine Trees Hotel,** Strathview Terrace, Pitlochry, GB-Perthshire PH16 5QR, Tel. 01796/47 21 21, www.pinetreeshotel.co.uk – ein wirklich herrlich gelegenes Hotel mit ausgesprochen angenehmer Atmosphäre.

Hebriden

€€€ **Western Isles Hotel,** Tobermory, GB-Mull PA75 6PR, Tel. 01688/30 20 12, www.mullhotel.com – das Hotel bietet einen der schönsten Panoramablicke der Hebriden über die Tobermory Bay und den Sound of Mull.

€€ **Cuillin Hills Hotel,** Portree, GB-Skye IV51 9LU, Tel. 01478/61 20 03, www.cuillinhills-hotel-skye.co.uk – neu renoviertes Hotel mit herrlichem Blick auf die majestätische Cuillin-Bergkette.

€€ **Lochboisdale Hotel,** Lochboisdale, GB-South Uist HS8 5TH, Tel. 01870/70 03 32, www.lochboisdale.com – am Fährhafen gelegenes Hotel mit schönem Blick auf den Hafen und über The Minch zu den Inseln Canna und Rhum.

€€ **Lochmaddy Hotel,** Lochmaddy, GB-North Uist HS6 5AA, Tel. 01876/50 03 31, www.lochmaddyhotel.co.uk – keine hundert Meter vom Fährhafen, mit sehr gutem Seafood-Restaurant und Angellizenzen.

€ **Lochside Hotel,** Shore St, Bowmore, GB-Islay PA43 7LB, Tel. 01496/81 02 44, www.lochsidehotel.co.uk – gastfreundliches Hotel mit gut bestückter Malt Whisky Bar für den Connaisseur.

€€ **Royal Hotel,** Cromwell St, Stornoway, GB-Lewis HS1 2DG, Tel. 01851/70 21 09, www.calahotels.com – Boatshed Restaurant und trendiges HS-1-Café, zentral gelegen mit Hafenblick.

Orkneys

€ **The Stromness Hotel,** The Pierhead, Stromness, GB-Orkney KW16 3AA, Tel. 01856/85 02 98, www.stromnesshotel.com – das Hotel (hier im April: das Orkney Jazz Festival) dominiert den malerischen Hafen.

Shetlands

€€€ **Kveldsro House Hotel,** Greenfield Place, Lerwick, GB-Shetland ZE1 0AN, Tel. 01595/69 21 95, www.shetlandhotels.com/kveldsro – Haus Abendfrieden, so der norwegische Name dieses Hotels, ist das erste Haus am Platz.

ZOLL

Der private Warenverkehr ist im EU-Binnenmarkt weitgehend zollfrei.

Eine mehrbogige Brücke führt zum höchst fotogenen Eilean Donan Castle auf seinem Inselchen.

Register

Fette Ziffern verweisen auf Abbildungen.

Impressum

1. Auflage 2011

Verlag: DuMont Reiseverlag, Postfach 3151, 73751 Ostfildern, Tel. 0711/4502-0, Fax 0711/4502-343, www.dumontreise.de
Geschäftsführer: Dr. Thomas Brinkmann, Dr. Stephanie Mair-Huydts
Programmleitung: Birgit Borowski
Redaktion: Konzeption & Redaktion, Leinfelden-Echterdingen
Text: Eberhard Bort
Exklusiv-Fotografie: Axel M. Mosler
Titelbild: Andrea Artz/laif (Loch Torridon in den Northwest Highlands)
Zusätzliches Bildmaterial: Bildagentur Huber/Simeone 116, dpa/picture alliance 7 rechts/unten rechts, 39 unten rechts, 105 Mitte rechts, dpa/picture alliance/ ©Bianchetti/Leemage 39 unten links, Eco Images/Universal Images Group 79 oben, Getty Images/Kevin Arnold/Brand X Pictures 110 unten, Getty Images/Marcus Brooke 34/35, Getty Images/Patrick Dieudonne/Robert Harding World Imagery 100/101, Getty Images/Malcolm Fife 78, Getty Images/Tim Hurst 18/19, Getty Images/Brian Lawrence 62, 68/69, Getty Images/Michael McQueen 52/53, Getty Images/Jose Maria Mellado 83 oben, Getty Images/Rob Penn 63 links, Getty Images/Keith Ringland 63 rechts, Getty Images/David C. Tomlinson 83 Mitte, laif/Andrea Artz 4 unten rechts, 94, laif/Gerald Haenel 10/11, 27, laif/Reiner Harscher 8/9, 91 oben rechts, laif/hemis.fr/Denis Caviglia 26, laif/Catherine Jouan et Jeanne Rius/JACANA 103, 110 oben, laif/Jörg Modrow 7 rechts/oben rechts, 79 unten, laif/Achim Multhaupt 99 oben, Look foto/age fotostock 4 unten links, 83 unten, 93; New Lanark Trust/www.newlanark.org 67, Stockfood/Kirchherr 46, Stockfood/Alkèmia 47 oben, Stockfood/Food Photogr. Eising 47 unten, 110 unten, TUI Wolters Reisen GmbH 28, www.burnbraehol.co.uk 33, www.glasgowsciencecentre.org 50 Mitte und unten
Textquellen: Michael Jackson, Malt Whisky, 8. Aufl., München 1994, S. 6 (hier: S. 94); Ian Rankin, Verborgene Muster, 6. Aufl., München 2000, S. 191 (S. 37), Hermann Schreiber, Schottland, 3. aktualis. Aufl., Gernsbach 2008, S. 313 (S. 91)
Grafische Konzeption, Art Direktion: fpm factor product münchen
Layout: Annette Bauer, fpm factor product münchen
Kartografie: © MAIRDUMONT GmbH & Co. KG, Ostfildern
DuMont Bildarchiv: Marco-Polo-Straße 1, 73760 Ostfildern, Tel. 0711/4502-266, Fax 0711/4502-1006, a.nebel@mairdumont.com

Anzeigenvermarktung: MAIRDUMONT MEDIA, Tel. 0711/4502333, Fax 0711/45021012, media@mairdumont.com, http://media.mairdumont.com
Vertrieb Zeitschriftenhandel: PARTNER Medienservices GmbH, Postfach 810420, 70521 Stuttgart, Tel. 0711/7252-212, Fax 0711/7252-320
Vertrieb Abonnement: Leserservice DuMont Bildatlas, Zenit Pressevertrieb GmbH, Postfach 810640, 70523 Stuttgart, Tel. 0180/5727252-265, Fax 0180/5727252-333, dumontreise@zenit-presse.de
Vertrieb Buchhandel und Einzelhefte: MAIRDUMONT GmbH & Co KG, Marco-Polo-Straße 1, 73760 Ostfildern, Tel. 0711/4502-0, Fax 0711/4502-340
Druck und buchbinderische Verarbeitung: NEEF + STUMME premium printing GmbH & Co. KG, Wittingen, Printed in Germany

Lieferbare Ausgaben

BERLIN
Die Hauptstadt lockt mit spektakulärer Architektur, bunten Szenevierteln und viel Kunst und Kultur.

SÜDENGLAND
Zwischen Kent und Cornwall wechseln liebliche Landschaften mit hübschen Orten und mythischen Stätten.

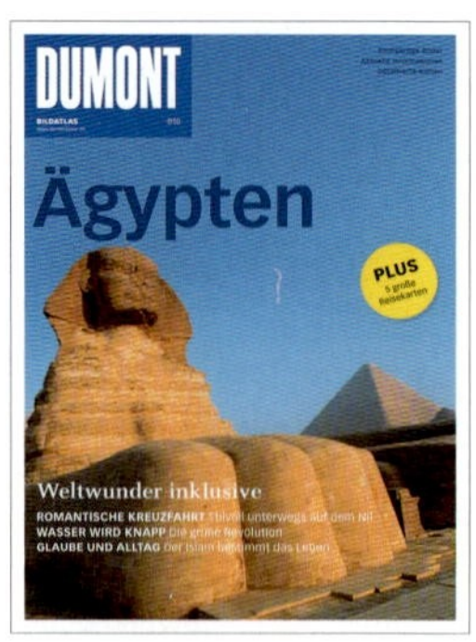

ÄGYPTEN
Tempel und Pyramiden, quirlige Basare, Oasenstädte, Strände und Tauchparadiese und noch viel mehr ...

DEUTSCHLAND
092 Altmühltal
105 Bayerischer Wald
120 Berlin
106 Bodensee, Oberschwaben
121 Brandenburg
056 Chiemgau, Berchtesgadener Land
013 Dresden, Sächsische Schweiz
095 Eifel, Aachen
096 Elbe und Weser, Bremen
125 Erzgebirge, Vogtland
059 Fränkische Schweiz
112 Freiburg, Basel, Colmar
060 Hamburg
061 Harz
062 Hunsrück, Naheland, Rheinhessen
066 Mainfranken
133 Mecklenburgische Seen
097 Mecklenburg-Vorpommern
067 Mosel
114 München
098 Münsterland
006 Oberbayern
074 Odenwald, Bergstraße
002 Ostfriesland, Oldenburger Land
075 Ostseeküste Schleswig-Holstein
078 Rhein zwischen Köln und Mainz
079 Rhön
116 Rügen, Usedom, Hiddensee
080 Sachsen
081 Sachsen-Anhalt
117 Sauerland, Siegerland
083 Schwarzwald Norden
084 Schwarzwald Süden
008 Stuttgart, Schwäbische Alb
141 Sylt, Amrum, Föhr
142 Teutoburger Wald
102 Thüringen
143 Thüringer Wald
103 Weserbergland

BENELUX
052 Amsterdam
011 Flandern, Brüssel
070 Niederlande

FRANKREICH
055 Bretagne
058 Elsass
009 Frankreich Süden Languedoc-Roussillon
071 Normandie
001 Paris
115 Provence

GROSSBRITANNIEN/IRLAND
063 Irland
130 London
138 Schottland
087 Südengland

ITALIEN/MALTA/KROATIEN
110 Golf von Neapel, Kampanien
128 Italien, Norden
005 Kroatische Adriaküste
113 Malta
073 Oberitalienische Seen
076 Piemont, Aostatal
082 Sardinien
003 Sizilien
089 Toskana
091 Venedig, Venetien

GRIECHENLAND/ZYPERN
148 Zypern

MITTEL- UND OSTEUROPA
104 Baltikum
122 Bulgarien
094 Danzig, Ostsee, Masuren
101 Polen Süden, Breslau, Krakau
077 Prag
085 St. Petersburg
145 Tschechien
146 Ungarn

ÖSTERREICH/SCHWEIZ
129 Kärnten
004 Salzburger Land, Salzkammergut, Salzburg
139 Schweiz
088 Tessin
144 Tirol
147 Wien

SPANIEN/PORTUGAL
051 Algarve, Lissabon
093 Andalusien
054 Barcelona
108 Costa Brava
065 Kanarische Inseln
132 Mallorca
007 Spanien Norden, Jakobsweg
118 Teneriffa, La Palma, La Gomera , El Hierro

SKANDINAVIEN
057 Dänemark
099 Norwegen Norden
072 Norwegen Süden
100 Schweden Süden, Stockholm

TÜRKEI
090 Türkisches Mittelmeer

LÄNDERÜBERGREIFENDE BÄNDE
123 Donau
112 Freiburg, Basel, Colmar

AUSSEREUROPÄISCHE ZIELE
010 Ägypten
053 Australien Osten, Sydney
109 Australien Süden, Westen
107 China
111 Kalifornien
064 Kanada Westen
068 Neuseeland
069 New York
086 Südafrika
012 Thailand